Monika Scheddin

WECKE DIE DIVA IN DIR!

Monika Scheddin

Wecke die DIVA in dir!

ERFOLGREICH MIT GLAMOUR-EFFEKT

Kösel

Verlagsgruppe Random House FSC-DEU-0100
Das für dieses Buch verwendete FSC®-zertifizierte Papier
UPM Fine liefert UPM Kymmene, Werk Nordland

Umschlag: Weiss Werkstatt, München
Umschlagmotiv: © shutterstock, catrinelu
Illustrationen: Eva Gnettner für Weiss Werkstatt, München
(Seite 53, 60, 75, 85, 121, 130, 142, 164, 168, 176),
weitere Illustrationen: Nadine Wagner, München
Layout: Roxane Fabian, München
Druck und Bindung: GGP Media GmbH, Pößneck
Printed in Germany
ISBN 978-3-466-30889-7

Weitere Informationen zu diesem Buch und unserem
gesamten lieferbaren Programm finden Sie unter
www.koesel.de

Dieses Buch widme ich Edith Joost-Gehren.
Liebe Edith, danke! Viele Gedanken in diesem Buch konnten nur entstehen, weil mich unser Austausch inspiriert hat.

Inhalt

Vorwort

Ich freue mich immer, wenn Frauen ihre Geheimnisse und Einsichten mit anderen teilen. Das ist eine weibliche Stärke, die uralt ist und gepflegt gehört. Was früher als »Weiber-Gewäsch« abgetan wurde, diente viel früher dem wertvollen Austausch von tiefem Wissen über gesundheitliche, psychologische und spirituelle Zusammenhänge. Was hier sehr modern und »business-orientiert« daherkommt, fußt auf intuitivem Wissen der Autorin über ihren eigenen »Archetypen«. Tragen auch Sie »Diven-Anteile« im Kern Ihres Charakters, dann sollten Sie dieses Buch unbedingt lesen, denn es enthält wertvolle Ratschläge, wie Sie auf freudvolle Weise Ihr höchstes Potenzial erreichen können.

Auch ich habe die Diva in mir schon von Kinderzeiten her gefühlt und gepflegt, will heißen, dass ich z.B. mit bodenlangen Capes, Paillettenkleidern und großen Hüten in die Schule gegangen bin. Ich habe schon damals ganz bewusst trainiert, jeglichen Spott meiner Umgebung einfach an mir ab-*perlen* zu lassen, um meinen eigenen Weg zu gehen. Ich musste mich ja auch darauf konzentrieren die Perle, die sich in meinem Herzen gebildet hatte, möglichst prachtvoll gedeihen zu lassen.

Jedes Märchen, das von einer verschmähten Prinzessin berichtet, die erst beim Happy End von ihrem Prinzen aufs weiße Pferd gehoben wird, erzählt die Geschichte der inneren Diva, die wir nur retten können, wenn wir uns treu bleiben und unsere imaginären inneren Werte hochhalten. Ich durfte ganz langsam und unter dem wachsamen Auge meiner kontinuierlichen Selbstreflektion heranreifen und ich verdanke es meinem Beruf, dass ich nie angepasst und im negativen Sinne erwachsen werden musste, weil ich jedes Kapitel und jede Krise meines Lebens direkt in meinen Bühnenshows humorvoll verarbeiten konnte.

Für alle, die da draußen in dieser westlichen Geschäftswelt mit ihren durchweg männlichen Gepflogenheiten im Beruf stehen und trotzdem zu ihren kühnen Träumen stehen wollen, ist dieses Buch ein Türöffner. Es lässt einen Lichtstrahl auf unbekanntes Terrain fallen, wo sich knallharte Business-Regeln mit mythenhaften, tiefenpsychologischen Elementen verbinden lassen. In dieser feinstofflichen und doch sehr kraftvollen Dimension können Frauen vieles erreichen, ohne dabei ihren Zauber einzubüßen.

Sissi Perlinger

1

Kumpel, Zicke oder DIVA?

AUS DEM SCHEDDIN'SCHEN NÄHKÄSTCHEN

Meinen eigenen Weg habe ich über »Trial and Error« gefunden: von der weichen Führungskraft über die unerbittliche Managerin bis zur passablen Chefin. Damit hatte ich die klassischen Rollen der Businessfrau nacheinander abgearbeitet: den Kumpel, die Zicke – und heute experimentiere ich mit meinem Divenpotenzial!

Ich habe zwar viel und gerne von meinen männlichen Kollegen gelernt, aber ich setze die Dinge auf meine Art um. Weibliche Vorbilder fand ich für mich anfangs nicht, weder als Führungskraft noch später als Topmanagerin. Erstens gab es schlicht und ergreifend wenige und zweitens hatte ich das Nonplusultra des Netzwerkens noch nicht entdeckt. Erst mit Beginn meiner Selbstständigkeit lernte ich von der Pike auf:

› Wie und wo finde ich Kunden und Lieferanten?
› Wie und wo finde ich Verbündete und Geschäftspartner?

Und endlich waren sie da: weibliche Vorbilder. Frauen, die erfolgreich im Job und im Leben standen. Frauen, die offenbar leicht, gelassen und mit unglaublichem Genuss durchs Leben gingen und die grundlegenden Dinge verstanden zu haben schienen.

Denn auch die Spezies der Businessfrau nimmt moderne Formen an: Während sie bis in die 1980er-Jahre hinein männliche Vorbilder kopierte oder zu übertreffen suchte (»Ich muss besser sein als die Männer!«), agierte sie später oft im Verborgenen – um dann »plötzlich und unverhofft« Bundeskanzlerin zu werden.

EIN NEUES FRAUENBILD AUF DEM VORMARSCH

Bislang konnten wir Businessfrauen in zwei Kategorien einteilen:

a) DER KUMPEL: das liebe, nette, fleißige Bienchen. Jeder mag sie – und brummt ihr jede Arbeit auf, weil sie nicht Nein sagen kann. Jeder liebt sie, aber keiner nimmt sie ernst. Bevorzugtes Kumpel-Kommunikationsmittel: Fragen stellen.

b) DIE ZICKE: ehrgeizig und ichbezogen. Sie wird gefürchtet bis gehasst, aber immer respektiert. Bevorzugtes Kommunikationsmittel: Befehle erteilen.

Langsam, aber sicher entwickelt sich jedoch eine dritte, ganz neue Art Frau: Sie ist selbstbewusst, humorvoll und dabei betont weiblich. Sie hat Spaß daran, sich in Szene zu setzen, und den Mut, zu den eigenen Macken zu stehen. Erfolgreiche (Business-)Frauen haben charakteristische, aber auch höchst individuelle Strategieformeln gefunden: So komme ich beruflich nach oben. So finde ich den passenden Mann. So kriege ich Beruf und Familienleben unter einen zweckmäßigen Hut.

1995 habe ich damit begonnen, entsprechende Fragebögen samt Statistiken zu entwickeln: Was tun oder lassen diese Frauen? Wie wurden sie erfolgreich? Wie leben sie? Und was können andere Frauen von ihnen lernen? Manch Vorannahme stellte sich als falsch heraus, die nächste bestätigte sich. Und allmählich ging mir ein Licht auf: Diese »neuen« Frauen haben verblüffend viel gemeinsam:

- Sie sind emanzipiert, aber keine Emanzen.
- Sie sind selbstbewusst und stehen zu ihren Schwächen.
- Sie sind sehr selbstständig, ohne alles selber machen zu wollen.
- Sie sind erfolgreich, aber keine Streber.
- Sie haben gute Manieren, sind aber keine wandelnden Etikette-Ratgeber.
- Sie sind mutig, manchmal verwegen, immer für Überraschungen gut.
- Sie sind großzügig und emotional.
- Sie sind ebenso unkompliziert im Handling wie eigenwillig.
- Sie sind eindeutig Frau.
- Ihre größte Stärke: ihr Humor.
- Ihre größte Schwäche: ihr Gerechtigkeitsfimmel.
- Ihr Credo: Wenn schon anders, dann besser!

Für diese göttliche Art Frau kann es nur einen Titel geben: die Diva! Da drängen sich natürlich sofort zwei Fragen auf:

KANN JEDE(R) EINE DIVA WERDEN?

Ja. (Sogar Männer!) Jeder Mensch hat die Freiheit, so zu werden, wie er sein will. Vorausgesetzt, sie/er wird aktiv!

BEDEUTET DIVENLEBEN GLEICH LUXUSLEBEN?

Ja, unbedingt. Die Diva und der Luxus sind ein Herz und eine Seele. Allerdings meint Luxus insbesondere den Besitz von Selbstbewusstsein, Souveränität, Großzügigkeit, Freiheit und Zeit – und den Luxus zahlreicher Wahlmöglichkeiten.

Bei vielen Menschen – ob nun Frauen oder Männer – ist der Begriff *Diva* noch negativ besetzt. Eine prominente Persönlichkeit, meistens eine Sängerin oder Schauspielerin, wird als *Diva* betitelt, wenn sie sich nicht alles gefallen lässt, ihre offizielle Maske ablegt und Emotionen zeigt. Wenn sie sich nach Meinung anderer unangemessen anspruchsvoll verhält. Ich hingegen verbinde mit dem Begriff *Diva* nur Positives. Ist es nicht einfach nur menschlich, wenn sich die starke und glänzende Diva auch Fehler und Unangemessenheiten leistet? Sie und ich schießen doch auch regelmäßig den einen oder anderen Bock und bleiben dennoch (im Großen und Ganzen) gute Menschen. Vielleicht müssen wir die Diva nur näher kennenlernen, um sie in unser Herz zu schließen. Also Vorhang auf …!

c) DIE DIVA: Sie weiß, was sie will … und sie kriegt es. Freiwillig. Sie wird respektiert und bewundert. Manche Menschen – insbesondere Jungs[1] – haben anfangs ein wenig Angst vor ihr. Bevorzugtes Kommunikationsmittel: Wünsche mit viel Wertschätzung äußern.

Sobald ich in einem Vortrag oder Seminar die drei Frauentypen – Kumpel, Zicke, Diva – vorstelle, wollen alle plötzlich nur noch Diva sein. Das ist völlig unnötig. Denn jeder Frauentyp hat seine Zeit und Gelegenheit, seine Vor- und Nachteile.

Der *Kumpeltyp* ist in einem Team oder in einer Familie unabdingbar. Er kann Nähe zulassen und Liebe offen zeigen. Er nimmt sich selbst nicht so wichtig und ist völlig unprätentiös. Rang und Titel beeindrucken ihn wenig.

Die *Zicke* ist zum Beispiel bei Bankgeschäften klasse. Wenn Charme nicht reicht, geht nur noch Arroganz. Und dieses Mittel beherrscht die Zicke bravourös.

Die *Diva* wiederum ist Lässigkeit und Lebensfreude pur.

Bei aller Liebe zur Diva: 100 Prozent Diva sind weder realistisch noch wären sie auszuhalten. Auf die Mischung kommt es an. Und die verrate ich Ihnen später!

---

1 Unter Jungs verstehe ich alle männlichen Wesen zwischen 18 und 80.

TEST: BIN ICH EINE DIVA?

Achtung, »Sicherheitshinweis«: Dieses ist kein wissenschaftlicher Test. Bitte halten Sie Ihre Erwartungen im Zaun. Der Diven-Test soll Ihnen lediglich Handlungsalternativen vorstellen, Sie auf Ideen bringen und Spaß machen. Funktionieren kann der Test allerdings nur, wenn Sie ihn möglichst ehrlich ankreuzen. Denn Sie sind ja nicht doof und haben das Prinzip schnell durchschaut. ☺ Also ran an die Buletten. Viel Vergnügen!

Bitte kreuzen Sie die Antwort an, die Ihrem Verhalten am nächsten kommt.

1 Ihr Badeanzug hat schon mal eine bessere Figur gemacht, und Ihr Lieblingskleid scheint in der Reinigung eingelaufen zu sein – vielleicht ist aber auch eine kleine Frühjahrskur angesagt. Was tun Sie, um sich wieder rundum wohlzufühlen?

- ○ Ich vertraue darauf, dass sich mein Gewicht wieder einpendelt. Was ich dafür tue? Ich achte darauf, dass ich entspannt und glücklich bin, baue mehr Bewegung ein und gönne mir ausreichend Schlaf. Ich esse nur Gutes und auch nur das, was ich wirklich genieße. Ich lasse mir etwas Zeit und weiß, die Sache wird sich so von selbst regeln. (a)
- ○ Ich frage eine Freundin, ob sie mit mir die Frühjahrsdiät aus meiner Lieblingszeitschrift ausprobieren möchte. Wir tauschen Rezepte aus, treffen uns zum gemeinsamen Kochen und spornen uns gegenseitig an. Wenn die Diät dann doch nicht ihr Versprechen hält, kommt meine Freundin bestimmt mit zum Shoppen. (b)
- ○ Ich melde mich lieber gleich im Fitness-Center an, stelle einen Trainings- und Essensplan auf und weiß, dass ich nach vier Wochen voller Energie bin und locker ins

Kleidchen passe. Wäre doch gelacht, wenn ich das nicht schaffe. (c)

- ○ Ich kaufe mir direkt einen neuen trendy Badeanzug und ein neues tolles Kleid. Die alten Teile kommen sofort in den Altkleider-Sack. (d)

2 Sie kommen zu spät zu einem Meeting. Wie verhalten Sie sich?

- ○ Es ist mir extrem peinlich. Ich bin hektisch und erkläre ausführlich, warum ich nichts dafür kann, dass ich zu spät bin. (a)
- ○ Ich grüße kurz und setze mich auf meinen Platz. Blöd gelaufen, aber jetzt bin ich ja da. Kann schließlich jedem mal passieren. (b)
- ○ Ich grüße, erkläre kurz, warum ich zu spät bin und bedanke mich bei allen für ihre Geduld. (c)

3 Sie haben ein Wochenende in einem Luxus-Hotel gebucht. Ihr Zimmer gefällt Ihnen nicht. Es ist viel zu laut und Sie werden kein Auge zutun. Was tun Sie?

- ○ Macht nichts. Ich bleibe. Es ist ja nur für ein Wochenende, und ich bin eh kaum im Zimmer. (a)
- ○ Ich bin sauer. Bleibe aber. Der Tag ist allerdings gegessen. (b)
- ○ Ich wechsele das Zimmer. (c)

4 Das zweite Zimmer hat die gleiche Lage wie das erste – nur ein Stockwerk höher. Es gefällt Ihnen also immer noch nicht. Wie reagieren Sie?

- ○ Ich beschwere mich an der Rezeption: »Wollen Sie mich veräppeln?« (a)
- ○ Ich bleibe cool und wechsele noch einmal. (b)
- ○ Ich beiße in den sauren Apfel und bleibe. (c)

5 Das jährliche Mitarbeitergespräch steht an. Sie möchten gerne eine Gehaltserhöhung verhandeln. Kurz vorher haben Sie zufällig erfahren, dass der neue, junge Kollege mehr verdient als Sie. Wie gehen Sie vor?

- ○ Ich erkläre meinem Chef, dass ich das Gehalt des Neuen ungerecht und unverschämt finde und bestehe auf eine sofortige Anpassung. (a)
- ○ Ich finde die Situation nicht gerecht, verwerte mein Wissen aber nicht. Ich freue mich über eine Gehaltsanpassung von fünf Prozent, die leicht über dem liegt, was allgemein gezahlt wird. (b)
- ○ Ich lasse gemeinsam mit meinem Chef meine Erfolge des Jahres Revue passieren. Ich erkläre, welchen Spaß mir der Job macht und bitte um Folgendes: 15 Prozent Gehaltserhöhung (und liege damit deutlich über dem Gehalt des Neuen), die Bezahlung eines Rhetorik-Seminars und einen Firmenwagen. Es ist mir völlig klar, dass ich den Firmenwagen nicht bekomme, da ich keine Dienstreisen unternehme. Aber den Rest kriege ich durch. Die Gehaltsinformation des Neuen verwerte ich nicht. (c)

6 Stellen Sie sich vor, Sie wären zur Professorin ernannt worden. Wie gehen Sie damit um?

- ○ Für mich ändert sich nichts. Ich bin dadurch ja kein anderer Mensch. (a)
- ○ Ich lasse mir neue Visitenkarten drucken. (b)
- ○ Ich gehe in die Schickimicki-Meile meiner Stadt, kaufe für sündhaft viel Geld ein und lasse mir alle Sachen nach Hause an »Professorin …« schicken. Ich koste meinen Auftritt aus und zackzack weiß jeder über meinen neuen Status Bescheid. (c)

7 Sie sind auf dem Weg zu einem Geschäftstermin. Ihr ICE hat Verspätung, und schon ist er weg, der Anschlusszug. Der nächste fährt erst in einer Stunde. Ihre Reaktion?

- ○ Ich gehe mit meiner ganzen Wut zum Servicepoint, verlange ein Taxi und die Erstattung meiner Kosten. Wenn die Bahn es nicht schafft, bei 20 Minuten Umsteigezeit ihre Verbindungen zu halten, muss sie halt zahlen. (a)
- ○ Das ist besser als im Stau zu stehen. Eine geschenkte Stunde – denn ich bin frühzeitig losgefahren, sodass ich ganz gelassen bleiben kann. Ich gehe aus dem Bahnhof, frage nach einem schönen Café und genieße die Zeit. Dabei kommen mir tolle Ideen – genussvolle Langeweile ist ein super Mittel für einen Kreativitätschub. (b)
- ○ Ich lasse mir am Serviceschalter eine Verspätungsbestätigung für die übliche Kostenerstattung ausstellen, suche mir ein ruhiges Plätzchen, packe mein Netbook aus und nutze die Zeit für meine E-Mails und ein paar Kleinigkeiten, die ich aus dem Büro für unterwegs mitgenommen habe. (c)

8 Sie möchten einen Tisch für zwei Personen zum Business Lunch reservieren. In dem ausgewählten Restaurant stehen die Tische jedoch dicht an dicht. Wie gehen Sie bei der Reservierung vor?

- ○ Ich reserviere einen Tisch und lasse mich überraschen, welchen ich bekomme. (a)
- ○ Ich reserviere den Tisch in der Ecke, der zumindest nur auf einer Seite Nachbarn hat. (b)
- ○ Ich reserviere einen ganz bestimmten Tisch für drei Personen. Eine Person wird dann leider nicht kommen können. (c)

9 Familienfest. Ihre Mutter wird 70 und hat die ganze Verwandtschaft in ein nettes Lokal eingeladen. Sie wissen: Es wird sicher ebenso nett, wie fürchterlich langweilig. Geschichten von früher, Krankenberichte, die üblichen Gute-Laune-Killer. Wird es trotzdem ein schönes Fest?

- ○ Ich mache einen Rundruf durch die ganze Verwandtschaft und organisiere ein tolles Programm, bei dem jeder mitmacht. Es ist eine Menge Arbeit, aber am Ende wird es eine richtige Überraschungsparty, bei der alle so beschäftigt sind, dass für Langweiler-Themen keine Zeit bleibt. Und meine Mutter ist einfach begeistert. (a)
- ○ Ein Anruf genügt, und der Abend ist gerettet. Ich wusste, dass es eine gute Idee ist, dem charmanten Zauberer vom Business-Treff seine letzte Visitenkarte aus dem Ärmel zu locken. Dass er eigentlich an dem Geburtstagsabend etwas anderes vorhat, ist schnell vergessen. Der Deal ist perfekt. Der Abend kann kommen. (b)
- ○ Ich lasse es einfach laufen. Was soll's, so ein Tag geht auch vorbei. (c)
- ○ Ich lasse alles auf mich zukommen und genieße den Tag: Herrlich, einfach mal nur Small Talk, lecker essen und sich treiben lassen. (d)

10 Das Kind Ihrer Schwester hat Ihre wertvolle Perlenkette beim Spielen in der Toilette versenkt. Hand aufs Herz: Welche Reaktion würde zu Ihnen passen?

- ○ Ich nehme es mit Humor und erkläre meiner Schwester: »Jetzt verstehe ich, warum du keinen Schmuck trägst! Irgendeine Idee, wer die Kette da wieder rausholen kann?« (a)
- ○ Ich beherrsche mich und fragen meine Schwester: »Und jetzt? Seid ihr versichert?« (b)
- ○ Ich brülle das verzogene Balg an, damit es Derartiges nie wieder tun wird! (c)

11 Suchen Sie sich den Spruch aus, der am besten zu Ihnen passt.

- ○ »Ich kann auf alles verzichten. Nur auf Luxus nicht.« (a)
- ○ »Es gibt zwei Arten, Karriere zu machen: Entweder man leistet wirklich etwas oder man behauptet es nur. Ich entscheide mich für die erste Kategorie, da ist die Konkurrenz am geringsten.« (b)
- ○ »Everybody's Darling is everybody's Depp.« (c)

12 Sie hatten ein Date. Es war herrlich romantisch, und Sie haben leicht Schmetterlinge im Bauch. »Wir telefonieren!« – darauf haben Sie sich geeinigt. Das war vor zwei Tagen. Bisher jedoch kein Anruf von ihm. Was ist typisch für Sie?

- ○ Ich bleibe die nächsten Tage zu Hause, für den Fall, dass er anruft. (a)
- ○ Ich habe keine Lust auf Spielchen und schreibe ihm eine SMS. (b)
- ○ Typisch für mich ist gar nichts. Ich werde mich vermutlich jeden Abend mit Freundinnen verabreden, damit ich auf keinen Fall warte wie ein Teenager. Aber es kann auch sein, dass ich ihn einfach anrufe, wenn ich eine Begleitung für ein Firmenevent brauche. (c)

13 Im Bus: Ein junger Mann bietet Ihnen seinen Sitzplatz an. Wie gehen Sie damit um?

- ○ Ich bin geschockt, mache mir Gedanken über mein Alter und lehne natürlich dankend ab. (a)
- ○ Ich frage ihn, ob er schon etwas getrunken hat. (b)
- ○ Ich lächele ihn majestätisch an, bedanke mich und genieße dann meinen Sitzplatz. (c)

14 Sie wurden für einen Vortrag gebucht. Nun sind die Reisekosten abzurechnen, aber es waren im Vorfeld keine Details vereinbart worden. Wie verhalten Sie sich?

- ○ Ich rufe bei meinem Auftraggeber an und stelle charmant fest: »Ich gehe davon aus, dass Kontaktpartner der Firma Höppeldipöpp in der Bahn erste Klasse reisen?« (a)
- ○ Ich rechne ungefragt die erste Klasse und die Taxifahrt ab. Bei Ärger gibt's halt Ärger. (b)
- ○ Ich halte die Reisekosten so gering wie möglich. (c)

15 Sie haben Gäste zum Dinner geladen. Das Essen lassen Sie vom Caterer anliefern. Ein Gast lobt Sie über alle Maßen für Ihr köstliches Dessert. Wie gehen Sie damit um?

- ○ Ich freue mich und gebe ihm sofort die Adresse meines Caterers. (a)
- ○ Ich lächele ihn an und sage »Vielen Dank. Freut mich, dass es Ihnen so gut schmeckt!« (b)
- ○ Ich erwidere: »Ja, ich finde das Dessert auch ganz okay. Kann man ja auch erwarten bei den Preisen!« (c)

16 Ihr zwölfjähriges Kind will unbedingt einen Hund. Unter der Bedingung, dass es die komplette Verantwortung von Füttern bis Gassigehen übernimmt, erklären Sie sich einverstanden. Jetzt ist der Hund seit einiger Zeit im Haus und Ihr Kind »vergisst« seine Aufgaben zusehends. Wie gehen Sie damit um?

- ○ Ich kümmere mich halt. Ich kann es ja nicht ändern: Ein Hund ist ein Lebewesen und mein Kind ist noch in der Entwicklung. (a)
- ○ Ich ignoriere den Köter. None of my Business! (b)
- ○ Ich erinnere an die Jobs, mache sie aber nicht selbst. Gegen einen Tausch einmal Gassigehen gegen einmal den Abwasch übernehmen habe ich aber nichts. (c)

17 Sie betreten eine teure, hippe Boutique. Alle Sachen, die Sie anprobieren, kneifen, rutschen, lassen Ihren Po größer und Ihre Beine kürzer aussehen.

- ○ Ich kaufe eine Jacke für 480 Euro, die am Busen etwas spannt und beschließe schlecht gelaunt, eine Diät zu machen. (a)
- ○ Ich verkneife mir eine Träne, gehe nach Hause und ziehe mich im Jogginganzug mit einer Flasche Rotwein auf das Sofa zurück. (b)
- ○ Ich sage mit einem strahlenden Lächeln zum Verkäufer: »Bedauerlich, die Sachen sehen hübsch aus, sind aber leider schlecht geschnitten.« (c)

18 Sie schätzen an einem Mann:

- ○ dass er Vorstandsvorsitzender ist und sich neben mir tadellos auf dem roten Teppich bewegt. (a)
- ○ dass er mir an Tagen, bei denen mein Zickenanteil 95 Prozent beträgt, charmant ins Ohr flüstert, dass ich bezaubernd aussehe. (b)
- ○ dass er mich zum Lachen bringt, inspirierende Gespräche mit mir führt und mich heiß und innig begehrt. (c)

19 Ihre Imagebroschüre wird frisch aus der Druckerei geliefert. Alles sieht top aus – bis auf Ihr Porträt-Foto. Der letzte Druckbogen hat einen Blaustich, Ihr frischer Teint ist dahin. Wohl auch in Natura, denn Sie merken, wie Ihnen Ihr Ärger das Blut in Aufruhr bringt. Wie kühlen Sie sich ab?

- ○ Ich kann es ja nicht ändern. Ich brauche die Prospekte dringend, also werde ich den Ablauf nicht verzögern. So wichtig kann ein Foto ja nicht sein, schließlich kommt es auf den Inhalt an. (a)
- ○ Ich schicke die ganze Lieferung postwendend zurück,

rufe den Chef der Druckerei an und verlange eine perfekte neue Lieferung innerhalb von 24 Stunden. Dann überlege ich mir, wer meinen nächsten Druckauftrag erhält. (b)

- ○ Das Foto wird mir nicht gerecht. Deshalb muss die Druckerei noch mal ran. Und für den ganzen Ärger bekomme ich einen schönen Sonderpreis. (c)

20 Sie haben eine schlechte Phase, sind überarbeitet, müde und nicht gerade optimistisch. Wie verhalten Sie sich?

- ○ Ich blättere meinen Kalender durch und plane innerhalb der nächsten zwei Wochen ein Wochenende ganz für mich alleine. (a)
- ○ Ich lasse es an meinen Mitarbeiterinnen und an meinem Partner aus. (b)
- ○ Ich bitte sofort Menschen, die mich gerne haben, dass sie mir konkret das ein oder andere abnehmen, mich in den Arm nehmen und ordentlich drücken. (c)
- ○ Ich verabrede mich mit netten Menschen, die mir guttun und mache mir mit ihnen einen schönen Abend. Prosecco, gutes Essen, Erfahrungsaustausch, gute Praxistipps. Ich weiß, ich bin anschließend spontan »geheilt«. (d)

Auflösung

Frage 1:
a) 100 Punkte
b) 10 Punkte
c) 10 Punkte
d) 100 Punkte

Frage 2:
a) 0 Punkte
b) 10 Punkte
c) 100 Punkte

Frage 3:
a) 10 Punkte
b) 0 Punkte
c) 100 Punkte

Frage 4:
a) 10 Punkte
b) 100 Punkte
c) 0 Punkte

Frage 5:
a) 10 Punkte
b) 0 Punkte
c) 100 Punkte

Frage 6:
a) 0 Punkte
b) 10 Punkte
c) 100 Punkte

Frage 7:
a) 0 Punkte
b) 100 Punkte
c) 10 Punkte

Frage 8:
a) 0 Punkte
b) 10 Punkte
c) 100 Punkte

Frage 9:
a) 10 Punkte
b) 100 Punkte
c) 0 Punkte
d) 100 Punkte

Frage 10:
a) 100 Punkte
b) 10 Punkte
c) 0 Punkte

Frage 11:
a) 100 Punkte
b) 10 Punkte
c) 100 Punkte

Frage 12:
a) 0 Punkte
b) 10 Punkte
c) 100 Punkte

Frage 13:
a) 0 Punkte
b) 10 Punkte
c) 100 Punkte

Frage 14:
a) 100 Punkte
b) 10 Punkte
c) 0 Punkte

Frage 15:
a) 10 Punkte
b) 100 Punkte
c) 0 Punkte

Frage 16:
a) 10 Punkte
b) 10 Punkte
c) 100 Punkte

Frage 17:
a) 0 Punkte
b) 0 Punkte
c) 100 Punkte

Frage 18:
a) 0 Punkte
b) 10 Punkte
c) 100 Punkte

Frage 19:
a) 0 Punkte
b) 10 Punkte
c) 100 Punkte

Frage 20:
a) 10 Punkte
b) 0 Punkte
c) 100 Punkte
d) 100 Punkte

Ergebnis

0 bis 250 Punkte:

Wie wichtig nehmen Sie sich selbst? Hier lauert Entspannungspotenzial! Vermutlich sind Sie noch zu offenherzig und gutmütig und laden sich viel zu viel Arbeit von anderen auf. Polieren Sie Ihren Charmefaktor und arbeiten Sie an Ihrer Diplomatie.

260 bis 700 Punkte:

Sie sind mal nett, mal zickig. Gerne wären Sie eine Diva, brauchen aber noch ein wenig Übung, denn grundsätzlich haben Sie es drauf. Entwickeln Sie Handlungsalternativen und achten Sie auf guten Umgang mit ebenfalls großzügigen, risikobereiten, erfolgsorientierten und gut gelaunten Menschen. Finger weg von Miesmachern und Energieräubern.

710 bis 1690 Punkte:

Sie wissen, was Sie wollen und was Ihnen guttut. Sie verhalten sich schon ganz schön lässig und haben einen guten Sinn für Humor. Also eindeutiges Diven-Potenzial. Weiter so!

1700 und mehr Punkte:

Entweder gepfuscht oder Wow! Eine vorbildliche Diva. Jetzt nur nicht übertreiben. 100 Prozent Diva ist auf Dauer nicht auszuhalten. Enjoy!

2

Die Welt der DIVA

DAS LEBEN IST EIN WUNSCHKONZERT!

Wie oft hören Sie »Das geht nicht!«, »Das gehört sich nicht!«, »Das tut man nicht!« oder »Dat schickt sich nicht«, wie man am Niederrhein sagt? Die Diva schert sich einen Dreck um solche Aussagen.

Kim, 28 und seit vier Jahren verheiratet, hat zwei Träume: »Ich würde so gerne meinen Motorradführerschein machen und Skifahren lernen. Und zwar beides, bevor ich 30 bin!« Kim wohnt allerdings mit ihrem Mann bei den Schwiegereltern, und die finden eh schon vieles, was sie tut, bestenfalls verhaltensauffällig. Kim versucht, ihren Mann dazu zu überreden, mit ihr gemeinsame Sache zu machen, doch der winkt müde ab. »Skifahren, Kim, ich bitte dich, wir leben am Niederrhein, nicht in Österreich. Und Motorradfahren … Weißt du, wie gefährlich das ist? Wann willst du das denn alles tun?«

Kim zögert und bemüht sich, ihre Träume zu vergessen. Doch dann besinnt sie sich: Sie hat einfach keine Lust dazu, ihr Konto »Verpasste Gelegenheiten« zu überziehen. Gleich am nächsten Tag – bevor sie es sich doch noch anders überlegt – meldet sie sich in der Fahrschule an … Außer ihrem Mann und ihrem Vater erzählt sie niemandem davon – getreu dem Motto »Miesmacher meiden«. Ein halbes Jahr später hat sie praktische Prüfung. Sie besteht. Als einzige! Ihre männlichen Mitschüler schauen etwas dumm aus der Wäsche. »Ein irres Gefühl!«, schwärmt sie noch heute. Aber es sollte noch »schlimmer« kommen: Kim kauft sich eine 450er Honda und unternimmt bei gutem Wetter jeden Sonntagvormittag eine kleine Spritztour mit einer netten Männertruppe. Das eingefrorene Gesicht ihrer Schwiegereltern und das entrüstete »Auf keinen Fall!« ihres Liebsten auf ihr Angebot, ihn gerne als Sozius mitzunehmen, sind Hürden, aber keine Stolpersteine. Das Motorradfahren macht Kim viel zu viel Freude.

Im folgenden März setzt sie auch ihren zweiten großen Wunsch in die Tat um und macht einen Skikurs. Diesmal gemeinsam mit ihrem Mann, denn dieser will das Strahlen seiner Frau nun unbedingt teilen.

Heute besitzt Kim kein Motorrad mehr. Ihre Prioritäten haben sich geändert. »Aber das Gefühl von damals ist immer bei mir. Das kann mir keiner mehr nehmen!«

Skifahren hingegen ist eine große Leidenschaft von Kim und ihrem Mann geblieben. »Dafür verzichten wir auch gerne mal auf einen Sommerurlaub.«

Viel zu viele Frauen haben vage Hoffnungen und vorsichtige Ziele, aber klare Befürchtungen. Diese Lebenseinstellung ist nicht hilfreich, sondern nahezu »unanständig«.

Die Diva hingegen hält sich nicht mit Zielchen auf. Kühne Ziele und anspruchsvolle Wünsche sind ihr Terrain. Das Wichtigste aber: Sie hat Ziele, sie hat Wünsche, sie hat Träume. Anders als all die Frauen, die meist spontan auf das reagieren, was ihnen der Zufall so bietet. Denen der (vermeintlich) sichere, vertraute, aber unattraktive Arbeitsplatz lieber ist als der aufregende Sprung ins kalte Wasser mit der Aussicht auf »etwas Eigenes«.

Die Diva sagt sich: Unter der Voraussetzung, dass wir nur ein Leben haben (keiner von uns weiß ja mit Sicherheit etwas anderes), sollten wir dieses eine Leben so gut wie möglich leben.

Und so erlaubt sich die erfolgreiche PR-Frau Angie Sebrich aus der hippen Musikbranche einen Umkehrschwung – und lebt fortan glücklich und zufrieden als Jugendherbergsmutter mit Mann und Kind und Tieren in den Bergen.

Typische Diven haben auch hinsichtlich ihres Gehalts feste Ziele. Dabei agieren sie aber keineswegs zickig, sondern sachlich und gut informiert:

»Ich hatte mich vorher informiert«, erzählte mir eine Managerin aus der IT-Branche, »ich wusste, was meine männlichen Kollegen in vergleichbarer Position erhalten, und habe dann noch 25 Prozent draufgeschlagen, weil ich mir klar war, dass ich besser sein würde. Was mir in der Verhandlung sehr geholfen hat: Jeder Job ist mir egal, bis ich ihn habe. Erst dann entwickele ich Leidenschaft. Diese spielerische Haltung verleiht mir Souveränität. Der Vorstand fühlte, dass er einen richtig guten Fisch an der Angel hatte – und gab mir den Job. Nach der Zusage bekam ich dann doch ein wenig Muffensausen vor meiner eigenen Courage. Die Angst ließ mich allerdings zu Höchstleistungen aufdrehen und somit meine Versprechen erfüllen. Wenn ich erst mal messbare Erfolge einfahre, ist alles gut. Ich könnte die ganze Welt umarmen, wenn ich schwarz auf weiß lese, dass ich meine Ziele um 120 Prozent übertroffen habe und wir den begehrten Marketing-Preis gewonnen haben. Verbriefter Erfolg macht stolz und sexy!«

In den ersten zwei, drei Jahren nachdem ich die *WOMAN's Business Akademie* gegründet hatte, flachste meine Kollegin Edith öfter: »Du tust ja so, als wären wir *Microsoft*!« Ja, genauso fühlte ich mich auch. Man muss schließlich erst etwas sein, um was zu werden, davon bin ich überzeugt. Denn: Vorstellungserfolg bedingt Realitätserfolg. »Hier sind wir, wir sind gut und möchten gerne für Sie tätig sein, Trainings und Coachings durchführen!«

Ich steckte mir das Ziel, alle DAX-30-Unternehmen auf der Kundenliste zu haben. Warum auch nicht? Die damit verbundene Ausstrahlung (Wahrnehmung, Fokus und fröhliche Erwartung) führte dazu, dass wir tatsächlich viele dieser Firmen heute zu unseren Kunden zählen. Längst nicht alle, aber ich bin ja noch mindestens 20 Jahre im Boot …

Ebenfalls Meisterin der kühnen Ziele ist die Buchautorin Anke Meyer-Grashorn: Mit ihrer Agentur *große freiheit* mietete sie ein Fabrikgebäude mit Kino, um sich dort alsbald ihren eigenen preisgekrönten Werbespot ansehen zu können – obwohl sie dafür noch nicht einmal einen Auftrag hatte. Zwei Jahre später konnte die bekennende Studienabbrecherin Preise auf den Filmfestivals in Montreux und New York entgegennehmen. »In meinen Anfängen als Unternehmerin fuhr ich aus Kostengründen ein klitzekleines Autochen. Und so fühlte ich mich auch. Als ich einen uralten, aber riesengroßen *Mercedes Benz* von meinem Opa erbte, war das ein absolut erhabenes Gefühl von Freiheit und Größe; und der stolze Blick auf den funkelnden *Mercedes*-Stern ließ mich prompt um 300 Prozent erfolgreicher wirken. Noch in der gleichen Woche kassierte ich einen fetten Auftrag. Das kann doch kein Zufall gewesen sein!« (Anke Meyer-Grashorn)

Ähnliches passierte mir, als wir uns zum dritten Mal vergrößerten und großzügige, sehr schicke Räume an der Isar bezogen. Denn nur kurze Zeit später hatten wir einen weiteren spannenden Wunschkunden gewonnen. »Völlig normal«, kontert mein Freund Robert, seines Zeichens Steuerberater, »Investitionen bescheren Angst, und die bedingt Umsatzerweiterung in 80 Prozent der Fälle. Die anderen gehen pleite.«

»Ich wollte die führenden Top-Manager Deutschlands dazu bewegen, eine Reise in die USA zu machen, um dort die wichtigsten IT-Menschen zu treffen. Das waren damals Carly Fiorina [die ehemalige *Hewlett-Packard*-Chefin] und Bill Gates. Ein vordergründig vermessenes Anliegen, das nur glückte, weil ich es mir gut vorstellen konnte.« (Regina Mehler, heute Managerin bei *Adobe*, über ihre Zeit als Marketingleiterin bei *Siebel Systems*)

Wen die Beispiele von erfolgreichen Frauen zunächst verschrecken, sollte sich bewusst machen, dass Anke Meyer-Grashorn ihr Lateinstudium geschmissen und Regina Mehler ihr Marketing-Studium erst im Abendstudium absolviert hat. Für alle erfolgreichen Menschen, ob nun in der Wirtschaft oder in einem sozialen Projekt, gilt: Sie denken in Chancen (und nicht in Grenzen), trauen sich etwas zu – und benutzen genau wie Sie und ich Toilettenpapier.

Wer große Ziele hat, bekommt Recht. Das beweist auch die

Folk- und Rocksängerin Barbara Clear. Bis vor zehn Jahren war sie allerdings nur einem kleinen Publikum bekannt. Als sie damals beschloss, demnächst die Olympiahalle München zu füllen, lachte sich die Branche schlapp, die Medien schmunzelten. Man gab ihr nicht die geringste Chance, auch nur ein paar hundert Menschen in die 11.000 Plätze umfassende Arena zu kriegen … Barbara Clear gibt sich fast drei Jahre Zeit – und der ebenso längste wie ungewöhnlichste Ticket-Vorverkauf aller Zeiten nimmt seinen Lauf. Wenn auch viel aufwändiger, als sie erwartet hatte, und weit anstrengender. Aber sie bleibt dran und verkauft bei jedem kleinen Konzert einige wenige Tickets für das Olympiahallen-Konzert. Kleinvieh macht schließlich auch Mist. Zwölf Wochen vor dem offiziellen Konzertbeginn informiert sie, nun ihrerseits schmunzelnd, die Presse: »Hallo, ich bin Barbara Clear und spiele am 24. April in der Olympiahalle München, 4.000 Karten sind verkauft, und den Rest schaffe ich auch noch.«

Die Pressemitteilung schlägt ein wie eine Bombe. Plötzlich wird man hellhörig: Eine Sängerin, die sich über alle ungeschriebenen Regeln der Branche hinwegsetzt, das ist der Stoff, aus dem (Medien-)Träume sind. Aber nicht nur die Medien, auch zahlreiche Netzwerke helfen auf der Schlussgeraden mit, dass die Clear-Story ein erstes Happy End findet: Im April 2005 kommen 8.000 Menschen in die Olympiahalle, und Barbara Clear erhält nach dem dreistündigen Konzert Standing Ovations. Das Publikum feiert sie als Musikerin, aber auch als einen Menschen, der konsequent seinen eigenen Weg gegangen ist und ein vorab als unmöglich abgestempeltes Ziel erreicht hat.

Große Ziele haben eine Leuchtturmwirkung. Sie geben die Richtung vor. Von den 11.000 Tickets wurden 8.000 verkauft. Hätte sich Barbara Clear 8.000 vorgenommen, wären vielleicht nur 5.000 Menschen zu ihrem Konzert gekommen.

Ziele sind Energiespender … Aber dafür müssen sie gesetzt werden. Die Diva weiß das und gibt sich gerne unbescheiden. Dafür ist sie aber auch schon mit 80 Prozent Zielerreichung zufrieden. Sind die Ziele jedoch zu klein, bleibt am Ende nichts mehr übrig, wofür sich die Anstrengungen lohnen.

… Belohnungen auch! Und die Diva liebt Belohnungen. Da von außen aber selten genügend Belohnungen kommen, ist sie sehr erfinderisch, was ihr persönliches Belohnsystem anbelangt.

Der Autor des Buches *Handy, Handkuss, Höflichkeit* und meine männliche Lieblingsdiva, Professor Dr. Bernd C. Sucher, zum Beispiel erlaubt sich, »was Nettes zu kaufen oder einen Restaurantbesuch – allerdings nur, wenn ich 20 Seiten geschrieben habe. Wenn ich so spät dran bin, dass die Läden geschlossen sind, gibt es eben keine Socken«. Die Diva belohnt sich für alles, was Disziplin oder Courage erfordert: z.B. weniger zu rauchen oder weniger Alkohol, kein Junk-Food mehr, der eingehaltene Zahnarzttermin oder ein weiteres Kapitel der Doktorarbeit …

Ergebnisse der Umfrage »Womit belohnt ihr euch?«

- 5 Prozent belohnen sich nie
- 55 Prozent selten/manchmal
- 40 Prozent regelmäßig/oft

Untersuchung der WOMAN's Business Akademie GmbH
270 Businessfrauen, Stand Juli 2010

… und hier die Belohnungs-Details der Businessfrauen:

Belohnungsanlässe
z.B. als Memo für den Kühlschrank oder Spiegel

- bevorstehendes wichtiges Meeting, Kundenevent, bevorstehende Präsentation
- regelmäßig beim Sport gewesen
- besondere Leistungen, Anstrengungen/Enttäuschung/Misserfolg verarbeiten
- langweilige oder ungeliebte Routinearbeiten (Steuer/Buchhaltung/Ablage) erledigt
- gutes/souveränes Vorstellungsgespräch
- fünf Kilo abgenommen
- Umsatz stimmt/bestimmtes Umsatzziel erreicht
- erfolgreiches Projekt abgeschlossen
- erfreuliches Feedback (von Kunden oder Vorgesetzten)
- stressige Verhandlung oder erfolgreichen Termin absolviert
- gekonnter Umgang mit ekligen Kunden, die man finanziell aber braucht
- wenn man etwas verbockt hat und dafür geradestehen muss
- bei Google weiter nach oben gerutscht
- kniffliges Problem gelöst
- besonderes Datum wie der 40. Geburtstag
- einen weiteren Meilenstein wie Auftrag/Wettbewerb erreicht
- Konkurrenz abgehängt
- Phase großer körperlicher/seelischer Belastung

… und mögliche Belohnungen

- Päuschen einlegen
- Glas Wein, Prosecco, Champagner, ein besonderer Tee
- ausschlafen (mindestens acht Stunden) und erst später mit der Arbeit beginnen
- Mittagsschlaf
- im Homeoffice arbeiten
- Freundinnen anrufen und um Zuspruch bitten
- Sonnen- oder Schaumbad
- Kleiderschrank aufräumen
- kostbare Duftkerze anzünden
- Kachelofen/Kamin anmachen
- Essen beim Lieblingsinder bestellen
- Frühstücken, Eis, Schokolade, Pralinen vom Konditor
- *Gilmore Girls* auf DVD gucken
- durchs TV-Programm zappen und dabei essen
- beim Kaffee ausgiebig Zeitung lesen
- Erdbeeren im Winter
- Buch in der Lieblingsbuchhandlung kaufen
- Blumenstrauß
- Lust-Shopping: Parfum, schwarze »Hühneraugen-Highheels«, Dessous
- langweiligen Auftrag ablehnen
- Luxusschreibgerät, Glitter-USB-Stick, Leder-Notizbuch
- Personal Training, Gesangsunterricht oder Schauspieltraining
- einen Kongress besuchen/Weiterbildung
- Kurztrip nach Rom
- Musikinstrument oder Haustier anschaffen
- Kalligraphiekurs, Malen, Fotografieren – immer in inspirierender Umgebung
- *Blackberry* oder *iPhone* abschalten

- Massage oder Kosmetikbehandlung
- Maniküre am Flughafen
- einen Kino-, Konzert-, Kabarett-, Oper- oder Theaterbesuch
- mal wieder tanzen bis in die Puppen
- spontanes Picknick mit Freunden
- Badetag mit den Kindern
- sich chauffieren lassen
- Rückzug in die Natur (mindestens einen Tag)
- Spritztour mit gemietetem Cabrio
- an einem x-beliebigen Wochentag blaumachen und ganz bewusst die Zeit genießen
- jemandem, der es gerade braucht und annehmen mag, etwas Geld schenken

Spannend, oder? Was für die eine Pflicht, zum Beispiel den Kleiderschrank aufzuräumen, kann für die andere Belohnung pur sein. Für die einen ist es ein Gräuel, alleine ins Kino zu gehen, andere empfinden es als Hochgenuss. Was in vielen Berufen normal ist, regelmäßige Pausen, Mittagessen etc., werten die meisten Businessfrauen als etwas Besonderes und zelebrieren es entsprechend. Die meisten belohnen sich für etwas, das bereits passiert ist; nur wenige belohnen sich bereits im Vorfeld.

»Es ist mir Lohn genug, wenn mir etwas ganz Besonderes gelingt, weil ich in eine Hochstimmung komme, die mich sehr beglückt und mit nichts zu toppen ist«, sagt Elke Söllner aus Bayreuth. »Meine Hirnwindungen sind dann so elektrisiert, dass eine unglaubliche Zufriedenheit mein ganzes Sein durchströmt. Für andere, denen etwas gelungen ist, arrangiere ich hingegen spontan eine Reservierung in meiner Lieblingskneipe … und dann gibt's Champagner vom Fass.«

»Nach jedem Job, den ich gut gemacht habe, obwohl er unangenehm oder anstrengend war, gönne ich mir sofort Schuhe!«, erklärt Sabine Kistler.

Als ich selbst mit dem Rauchen aufgehört habe, legte ich jeden Fünf-Euro-Schein, den ich in meinem Portemonnaie fand, in eine alte Zigarrenkiste (wie sinnig). Das entsprach in etwa dem Gegenwert meines Rauchkonsums. Nach zwei Jahren konnte ich mir davon eine *Cartier*-Uhr kaufen – bezahlt mit den Fünf-Euro-Scheinen.

Eine Kundin schrieb sich nach einem Seminar auf eine Karte: »Bianca is the best!« Diesen Satz hat sie sich an ihren Badezimmerspiegel geklemmt.

So unterschiedlich die Frauen sind, so verschieden ist ihr persönliches Belohnungssystem. Ob also *Cartier*-Uhr oder Massage, »Eis mit Heiß« oder Opernkarten, Hauptsache, das Belohnungssystem funktioniert. Denn die dadurch erlangte »Ich bin was wert«-Ausstrahlung wirkt ansteckend.

Eine spannende Beobachtung: Je älter die befragten Businessfrauen sind und je länger sie im Geschäft sind, desto mehr ruhen sie in sich selbst und desto weniger sind die Belohnungen materiell. Zeit und Lebensqualität stehen dann im Fokus. Allerdings gilt auch: »Mit materiellen Dingen belohne ich mich eher selten, weil das ja wieder bedeutet, dass ich los muss, die Dinge zu besorgen.«

Belohnungen von anderen

Auf selbst initiierte Belohnungen können wir uns vorbereiten. Belohnungen von anderen sind bisweilen überraschend und werden nicht selten zu wenig wertgeschätzt. Wenn Sie solche Belohnungen bekommen, sollten Sie diese annehmen und Ihre Freude darüber angemessen zum Ausdruck bringen (oder gehören Sie zu den seltenen Exemplaren, die Komplimente nicht ausstehen können?). Auf ein Kompliment könnten Sie zum Beispiel entgegnen: »Dankeschön! Es freut mich sehr, dass Sie das sagen!«

Auch für ein Geschenk gilt: unbedingt bedanken. Gefällt es Ihnen nicht … Egal. Die Geste zählt. An dieser Stelle haben Charme und Diplomatie eindeutig Vorrang vor Ehrlichkeit. Sollten Sie Geschenke aufgrund der Firmenregeln nicht annehmen dürfen, brüskieren Sie Ihr Gegenüber bitte nicht, indem Sie Geschenke einfach mit einem Standardschreiben zurückschicken. Nehmen Sie sich die Zeit, sich liebenswürdig für die Geste zu bedanken. Tipp: Ein diskreter Hinweis auf das, was denn ginge, hilft Ihrem Geschäftspartner für die Zukunft. Z.B. »Ich habe mich sehr über Ihre Einladung gefreut. Leider dürfen wir Geschenke über 15 Euro nicht annehmen. Ihre freundliche Geste weiß ich aber sehr zu schätzen.«

Stellen Sie sich vor, Sie haben für die Firma ein viel beachtetes Projekt sehr erfolgreich abgeschlossen. Wie Sie wissen, wird dieser Erfolg bei der Firmenfeier bekannt gegeben. Feiern Sie sich selbst, indem Sie dieses Jahr eben nicht »irgendwo« sitzen, sondern achten Sie darauf, auf keinen Fall auf den »billigen Plätzen« zu landen.

Wer sich auf Businessveranstaltungen den besten Platz bei Tisch sichern möchte, muss vorher dafür zu sorgen, z.B. über vorbereitete Sitzreservierungen oder einfach die Handtasche auf den optimalen Platz legen. Wer verschämt abwartet, wird in der Regel enttäuscht.

Belohnungskultur kann man sich angewöhnen

»Liebe Monika, ich habe festgestellt, dass ich das Thema ›Belohnung‹ bislang nicht wirklich praktiziere. Schade eigentlich. Ab heute werde ich mir Zwischenziele setzen und gebührend feiern. Danke für die Inspiration!«
Gisela Rehm, Donna Rosa

WENN SCHON ÄRGERN, DANN RICHTIG

Die Diva ist Kummer gewohnt. Denn sie freut und ärgert sich leidenschaftlich. Aber sie hat einen Trick auf Lager: Während sie die kraftspendenden »Freuphasen« bewusst in die Länge zieht, schont sie ihre Kräfte, indem sie sich ein klares Ärgerbudget vorgibt (z.B. »Zwei Tage ärgern sind völlig in Ordnung«). Das heißt: Jeder Ärger hat einen Anfang und ein Ende – und die Zwischenzeit wird ganz bewusst gelebt, weil die Diva weiß, dass jeder Ärger sie weiterbringt.

- Was kann ich aus dem Ärger lernen?
- Wie kann ich den Ärger positiv verwenden?

Der neue Nachbar wäscht seine Wäsche am liebsten nach den *Tagesthemen*. Die Zicke würde ihm schnurstracks und wutentbrannt den Marsch blasen, die Diva hingegen nimmt anderentags in aller Seelenruhe Kontakt zu dem Mitternachtswäscher auf, stellt sich vor und bittet um Rücksicht. In 98 Prozent der Fälle macht ein solches Auftreten das Einschalten der Hausverwaltung unnötig. Die Diva regelt ihre Dinge eben höchstpersönlich. Eine höhere Instanz hinzuzuziehen empfindet sie im Allgemeinen als viel zu feige und umständlich.

Typische Situation zwei: Ärger mit Ihrem Autohändler. Ein Termin für den halbjährlichen Reifenwechsel ist frühestens in 14 Tagen möglich –, obwohl der Diva bereits ein unschöner Drohbrief des Autohändlers vorliegt: »Bitte vereinbaren Sie einen Termin mit uns. Sollten Sie dies bis Mitte Juni nicht erledigt haben, werden wir die bei uns eingelagerten Reifen kostenpflichtig entsorgen.« Spinnen die?

Dann aber ist der Tag des Reifenwechsels gekommen. Während die Diva im Empfang auf ihren Wagen wartet, wird sie von allen Seiten bedudelt: zwei Fernseher, ein Radio, zwei Permanent-

Telefonierer. Sie flucht gerade in sich hinein, als sie sich daran erinnert, dass ihr Leasingvertrag im Herbst ausläuft. Prompt entschließt sie sich für ein autofreies Jahr und trägt sich einen Termin in ihren Kalender ein: »Fahrrad kaufen«.

Auch Karen, Berlinerin, lebt ganz nach dem Motto *Wut tut gut – und macht munter*: »Wer in Berlin-Mitte mit dem Fahrrad fährt, ist natürlich ein wenig gaga. Ich fahre täglich fünf Kilometer zur Arbeit. Bei jedem Lkw, der mich schneidet und zum jähen Bremsen zwingt, gibt es ein lautes ›Eeeeeeeeeeeeeeeeeeeh, spinnst du? Keene Ogen im Kopp?‹ Wenn dann ein Fahrradfahrer von hinten angerast kommt und klingelt, weil ich nicht weit genug rechts fahre, kriegt er auch einen Kommentar à la ›… und du machst hier auch noch Lärm?‹ Ich genieße die Reaktionen und könnte mich schlapp lachen. Über die anderen, aber auch über mich. Im Büro angekommen, ist mein Energiespeicher voll aufgeladen. Ich bin so was von wach!«

Diese Methode der Ärgerbewältigung ist gut, solange die Ärgernisse nicht wirklich wichtig, sprich persönlich genommen werden. Ansonsten gerät man in die Don Quijote-Mühle: Denn für jeden ermahnten rücksichtlosen Lkw-Fahrer stehen schon die zwei nächsten Ärgerquellen an der Kreuzung. Das ist ein Kampf, den Sie nur gewinnen können, indem Sie ihn nicht ernsthaft führen. Spätestens nach drei Minuten sollten Sie den Anlass vergessen haben.

Auch ich habe noch ein Beispiel in Sachen »Die Diva und der Ärger«: Obwohl ich Verkaufen an sich für eine durchaus legitime Angelegenheit halte, nerven die Telefon-Verkäufer doch oft immens. Eines Tages beschloss ich, mir einen Spaß daraus zu machen. Ich war alleine im Büro und mir war gerade etwas langweilig, als das Telefon klingelte … Ein Telefon-Verkäufer. »Gut, dass Sie anrufen!«, begrüßte ich ihn. »Wie?«, kam es fassungslos zurück. »Wissen Sie«, fuhr ich unbeirrt fort, »was mir heute passiert ist?« »Nein«, sagte der Telefon-Verkäufer (und ich merkte deutlich, dass es ihn auch kein bisschen interessierte). »Sie werden's nicht glauben, aber ich habe heute meinen ersten Punkt in Flensburg bekommen.« »Aha!« (Desinteresse pur) »Sie müssen jetzt fragen, wofür!«, erkläre ich. »Und wofür?«, fragte er artig, aber genervt nach. »Weil ich bei Rot über die Ampel gefahren bin ...« »Aha.« (gleichgültig) »... mit dem Fahrrad!«, lege ich nach. »Mit dem Fahrrad?« Jetzt war er doch hellhörig geworden. Nachdem ich meine ganze Geschichte losgeworden bin (gefühlte zehn Minuten später) sagt der Telefon-Verkäufer fast entschuldigend: »Ach ja, weshalb ich eigentlich angerufen habe ...« »Erzählen Sie mal!«, ermuntere ich ihn.

Er erzählte, und ich hörte geduldig zu. »Das klingt aber interessant!« »Echt?« – »Echt! Schicken Sie mir doch die Unterlagen zu!«

Nutzen Sie ärgerliche oder nervige Situationen zu Ihrer Freude und kehren Sie Situationen um.

Eine Geschäftsfreundin erzählte mir übrigens folgende Story: Sie wollte bereits am Vorabend eines Events in Düsseldorf anreisen. Blöderweise wurde ihr Flug annulliert. Und so landete sie abends nicht in Düsseldorf, sondern in Köln. »Ich hätte mich in Grund und Boden ärgern können, aber ich sah es als ein Zeichen. Schließlich wohnte meine beste Freundin Vera in Köln, und die hatte ich schon viel zu lange nicht mehr besucht.«

Die wahre Diva hat mehrere Alternativen in Sachen »Umgang mit Ärger« in petto: entweder daraus lernen, es mit Humor nehmen oder Ärger als Kreativ- und Energiequelle nutzen ... Aber immer: Das Beste daraus machen!

WENN SCHON ANDERS, DANN BESSER

Bei Franziska herrschte heile Welt: blendend aussehender, gut verdienender Ehemann, eine entzückende dreijährige Tochter. Die Familie kann es sich finanziell leisten, dass Franziska ganz zu Hause bleibt. Doch für ein Stück Unabhängigkeit arbeitete sie etwa zehn Stunden wöchentlich als freie Übersetzerin. Als das zweite Kind auf die Welt kommt, ist der Schock groß: Der Kleine leidet unter dem Down-Syndrom. »Fast einen Monat lang war ich wie schockgefrostet«, erzählt Franziska. Doch dann besinnt sie sich, und die kleine Familie wächst zusammen – enger als zuvor. Franziska entwickelt ungeahnte Energien. »Ich habe mich in das Thema eingelesen, meine Hemmungen überwunden und Kontakt zu anderen Eltern von Down-Syndrom-Kindern aufgenommen, mit Experten gesprochen. Heute kann ich mich selbst als Expertin bezeichnen. Mein Mann und ich haben eine Elterninitiative gegründet, wir haben Geld gesammelt, prominente Paten gewonnen. Nach nur zwei Jahren startet nun im kommenden Schuljahr die von uns initiierte integrierte Grundschule. Im Nachhinein hat uns die Geburt unseres behinderten Sohnes dabei geholfen zu spüren, was in uns steckt. Und ganz nebenbei ist der Kleine ein echter Wonneproppen. Ein Leben ohne ihn – unvorstellbar!« Franziskas Ziel war nicht »Schadensbegrenzung«. Vielmehr ist es ihr gelungen, ein Problem zu einer Herausforderung und schließlich zu einer Lebensbereicherung umzufunktionieren.

»Natürlich ist nicht immer alles so rosig, wie ich es gerne hätte. Aber ich betreibe keine Vogel-Strauß-Politik!« (Franziska)

Mit der Haltung »Wenn schon anders, dann besser!« lässt es sich richtig gut leben. Auch wenn die entsprechende Marschroute immer erst mal gefunden werden muss ... Kaum meinen wir, wir hätten die Sache im Griff und die Dinge liefen in geregelten Bahnen, da funktioniert plötzlich irgendetwas, das bislang immer geklappt hat, ganz und gar nicht mehr. Ein Beispiel: Seit Jahren sind Sie gern gesehener Gast in einem Hotel an der Nordsee, alle dort wissen genau Bescheid über Ihre Vorlieben und Wünsche in Sachen Wohlfühlurlaub. Doch von einer Saison auf die andere übernimmt eine Hotelkette das Haus. Es weht ein neuer Wind, einer, der Ihnen nicht gerade gefällt. Die Diva schluckt die Kröte nicht. Sie ärgert sich kurz und tüchtig und überlegt dann sofort: »Was kann ich tun, damit das Neue nach meinem Geschmack ist?! Ich sollte mir mal gesunde Bergluft um die Nase wehen und meinen Gaumen mit Schweizer Köstlichkeiten verwöhnen lassen.« Welch günstige Möglichkeit, den eigenen Horizont zu erweitern.

Eine Kundin hatte wirklich Pech: Als sich ihr Mann von ihr trennte, fehlte nicht nur der Lebenspartner, sondern sie musste sich auch noch eine neue Bleibe suchen. »Jetzt werde ich eben kleine Brötchen backen.« Ich fragte nach: »Angenommen, Sie hätten alle Freiheiten: Wie und wo würden Sie denn gerne wohnen?« Prompt kamen folgende Antworten: »Ich möchte zurück in die Stadt, weil mir das Kulturangebot auf dem Land so fehlt. Ich möchte in einer schönen Altbauwohnung leben; ich hätte schrecklich gerne eine Wohnküche. Und ich möchte nicht alleine wohnen. Am liebsten in einer Wohngemeinschaft mit einem künstlerisch veranlagten Menschen. Fotografie, Malerei, Bücher ...« Es sprudelte nur so aus ihr heraus. Gemeinsam entwickelten wir einen Wohnungssteckbrief, verteilten diesen per E-Mail über diverse Netzwerke und keine 14 Tage später besichtigte sie ihre heutige WG. Ihr Mitbewohner: ein Architekt. Vor kurzem eröffnete sie mir, dass aus der Wohngemeinschaft mittlerweile eine Partnerschaft geworden sei. »Ich war noch nie so glücklich!« Na, wenn das nicht der Stoff ist, aus dem moderne Märchen sind.

Typisch für die Diva: Nicht tiefstapeln, sondern Tiefschläge als Motivation für persönliche Höhenflüge instrumentalisieren. Sie müssen ja nicht von jetzt auf gleich die eine brillante Idee haben, aber Sie sollten unbedingt die Augen offen halten.

EINFACHE DINGE KANN JEDER … FÜR SCHWIERIGE BRAUCHT ES MICH!

Ein ebenso anspruchsvoller wie komplizierter Kunde steht mal wieder mit einer Reklamation vor der Tür oder eine scharfe Preisverhandlung steht an. Während viele stöhnen: »Oje, das ist jetzt echt schwierig!«, nimmt die Diva es sportlich. Sie überlegt, welche grundsätzlichen Möglichkeiten sie hat und welche davon für sie persönlich infrage kommen. Außerdem weiß sie, dass die meisten unbekannten Aufgaben erst mal schwierig erscheinen: Abitur, Führerschein, Studium …

Völlig egal, ob Sie Ihren Baby-Terrier dazu bringen möchten, stubenrein zu werden, endlich Ihren leiblichen Vater kennenlernen wollen oder den Traum haben, Ihr Brot als Künstlerin zu verdienen. All das ist bestimmt nicht einfach. Aber es ist zu schaffen. Wenn Sie wirklich wollen.

Die meisten Menschen suchen nach Ausreden. Die Diva sucht nach Wegen.

DIE ANZAHL DER PROBLEME IST BEGRENZT

Wir alle kennen das Gesetz der Serie: Gleich morgens springt ein Kunde ab, auf dem Weg zum ersten Termin fährt ein Taxifahrer eine Beule ins Auto; die Fahrradkette reißt – »Ausgerechnet heute, wo ich eine weiße Hose trage« –, nun noch schnell zum nächsten Termin. Der wurde zwar kurzfristig per SMS abgesagt, doch – Pech – das Handy liegt in der U-Bahn.

In den Momenten, in denen andere schier verzweifeln möchten, sagt sich die Diva: »Die Anzahl der Probleme ist begrenzt. Fünf ist Trümpf. Mehr hatte ich noch nie an einem Tag. Schluss mit lustig, jetzt wird alles gut« – und reißt das Ruder herum: Sie nimmt sich für den Rest des Tages frei, kauft sich sündhaft teure Dessous, verabredet sich für kommende Woche mit einer spannenden Person und lässt sich dann schick zum Essen ausführen.

MAN MUSS AUCH GÖNNE KÖNNE!

Ein Merkmal der Diva ist ihre großzügige Haltung – anderen und sich selbst gegenüber. Sie ist tolerant im Hinblick auf die Sitten und Gebräuche anderer Nationalitäten, nimmt Jugendliche genauso wichtig wie ältere Menschen und traut jedem grundsätzlich etwas zu. Die Diva gibt gerne Trinkgeld. Ist sie mit ihrem Shoppingergebnis zufrieden, die Freundin an ihrer Seite aber nicht, dann lädt sie diese als Trost zum Essen ein. Die Diva ist ein Mensch, der gerne teilt. Vor allem Freude. Kann die Diva die Konzertkarten doch nicht einlösen, weil sie unvermutet einen wichtigen Termin hat, käme sie nie auf die Idee, die Karten zu verkaufen. Sie überlegt sich lieber, wer sich darüber freuen würde, und verschenkt sie.

Auch Schauspielerin Nicole Kidman beweist Großzügigkeit (und natürlich auch Dankbarkeit): An ihrem eigenen Geburtstag schickt sie stets einen riesigen Blumenstrauß an ihre Mutter. Denn nicht sie, Nicole, sei an dem Tag wichtig, sondern die Person, die dafür gesorgt hat, dass sie auf der Welt ist: ihre Mutter. Eine schöne Idee, die ich mir prompt geborgt habe.

Apropos Mutter … Meine Mutter sagte mal zu mir: »Bei uns hat noch jeder Handwerker, der zu uns kam, etwas zu trinken bekommen, und wir sind davon nicht arm geworden. Und die, die das nicht machen, werden davon auch nicht reicher.«

Großzügig zu sein heißt auch, Aufmerksamkeit, Respekt und Blickkontakt zu schenken: Die Diva schaut die Menschen an, egal, ob sie beim Kellner noch einen Drink ordert oder der Toilettenfrau den Obolus in die Schale legt. Sie weiß: Nur wer angeschaut wird, fühlt sich auch gemeint. Der offene Blick, der unmittelbare Kontakt, die volle Präsenz – das ist das große Charisma-Geheimnis erfolgreicher Menschen wie dem Dalai Lama, Bill Clinton und Bette Middler. »Wenn Bill Clinton mit dir redet, schaut er dir in die Augen. Und er meint in diesem Moment allein dich. Er gibt dir das gute Gefühl, jetzt die wichtigste Person in seinem Leben zu sein«, meinte ein Trainer-Kollege, der Bill Clinton persönlich kennengelernt hat.

In diesem Zusammenhang ist auch der Umgang der Diva mit dem Gefühl von Neid zu erwähnen. »Neid« bedeutet für die Diva nicht Missgunst, sondern Ansporn: »Das finde ich toll, ich gönne es dir von Herzen, hätte ich auch gerne.«

Dazu mache ich mit meinen Seminarteilnehmerinnen oftmals eine Übung: »Listen Sie auf, welche Person Sie warum beneiden!«, bitte ich sie. Nach der ersten Schreckminute – »O Gott, neidisch will ich nicht sein, und ich mag auch gar nicht darüber nachdenken!« – kommen dann doch viele Reaktionen, zum Beispiel:

› »Ich beneide …(hier können Sie direkt mitmachen!)
› … Susi, weil sie mit 50 noch Reitstunden nimmt.
› … Leonie, weil sie saugute Vorträge halten kann.
› … Nane um ihre Figur.

- … Carola, weil sie den Mut hatte, sich selbstständig zu machen.
- … Herta, weil sie ihre Launen einfach auslebt.
- … Conny, weil sie trotz Speckfalten selbstbewusst bauchfrei trägt.«

Neid zeigt dir, wo dein Weg ist.

Nun bitte ich die Seminarteilnehmerinnen, die vier wichtigsten »Neidfaktoren« anzukreuzen und eigene Ziele daraus zu formen. Und siehe da: Den meisten waren ihre Wünsche noch nicht einmal bewusst. Z.B.: »Nein, in Wirklichkeit bin ich eben nicht glücklich mit meiner Rubensfigur, ich will schlank sein.«; »Ja, auch ich möchte gern einmal in der Zeitung stehen.«; »Ja, ich hätte gerne ein Stückchen von meiner unkonventionellen Kollegin.«

EIN NEIN IST OKAY!

Die Diva hat ein Auge auf die Wohnung am Schloss geworfen, erhält aber von der Vermieterin einen ablehnenden Bescheid mit fadenscheinigen Argumenten. Diesen Bescheid nimmt die Diva nicht persönlich, sondern bleibt dran. Spielerisch natürlich. Sie versucht, sich in die Vermieterin hineinzuversetzen: »Was braucht sie noch, damit sie mich als gute Mieterin akzeptiert?« Wenn nötig, fragt sie direkt nach. Freundlich, engagiert, zugewandt. Und ist damit oft erfolgreich.

Ein Nein heißt weder »nie« noch »du nicht«, sondern lediglich »jetzt nicht!«

Ein Nein ist aber grundsätzlich okay. Schließlich nimmt die Diva auch für sich selbst in Anspruch, Nein zu sagen. Beispiel: Ein schwäbischer Unternehmer fragte mich als Coach für eine Führungskraft an und bat um einen persönlichen Vorstellungstermin in Stuttgart. Gerne sagte ich zu, bat aber meinerseits um eine kleine Aufwandspauschale und die Erstattung der Reisekosten. »Die Firma übernimmt die Reisekosten, Bahnfahrt zweiter Klasse«, teilte man mir daraufhin lakonisch mit. Mein Vorschlag, die Führungskraft könne nach München kommen, um die Aufwandspauschale und fremde Reisekosten zu vermeiden, wurde abgewiesen. Okay, das ist eine Entscheidung. Aber auch ich treffe eine – und sage den Termin ab. Natürlich piekst es, damit auch einen potenziellen Firmenauftrag abzulehnen. Doch erfahrungsgemäß kann ich davon ausgehen, dass dieser Kunde bei jedem einzelnen Termin von mir erwarten wird, sechs Stunden Bahnfahrt als »Bonus«-Leistung auf mich zu nehmen. »Sie können ja schließlich im Zug arbeiten.«

Mein Nein war also eine klare Entscheidung: Nein zur Aktion, Ja zum Selbstwert. Manchmal kann man nicht beides gleichzeitig haben.

ICH BIN EINE MOGELPACKUNG

Die Diva wirkt in der Regel selbstbewusst. Dabei liegt die Betonung auf wirkt, denn ihr ergeht es wie 80 Prozent aller Menschen: Manchmal stimmt das äußere Erscheinungsbild nicht mit dem inneren Gefühl überein. So ist auch das Diven-Selbstbewusstsein in Situationen, in denen sie keine Ahnung vom Thema hat, wenn sie sich in einem unbekannten Umfeld bewegt oder wenn ihr unverhohlen Ablehnung entgegenschlägt, eben nicht »echt«. Sie zeigt dann lediglich ihr Pokerface und gibt sich professionell. In solchen Situationen redet die Diva wenig oder stellt Fragen.

Wer Pausen und Stille aushalten kann, wirkt viel souveräner, als er eigentlich ist.

Und wie so oft hat selbst die eigene Unsicherheit etwas Positives: Sie schenkt uns den sympathischen Hauch Demut und damit die notwendige Bodenhaftung.

Ich erinnere mich noch gut an die Zeit meiner Unternehmensgründung vor 15 Jahren, als ich mit meiner Kollegin Anke durch die Lande reiste und sämtliche Kongresse und Motivationstage der deutschsprachigen Weiterbildungsszene abgraste. »Lernen und Kontakte knüpfen« hieß das Ziel. Da wir natürlich kein nennenswertes Budget hatten, war das Innenfutter unserer superschicken Businessblazer mehrfach gestopft. Außen hui, innen pfui. Aber mit ganz viel Spaß.

Natürlich sind wir alle Mogelpackungen: Wir zeigen unser Sonntagsgesicht, wenn wir uns irgendwo vorstellen oder wenn wir frisch verliebt sind. Die Diva steht zur eigenen Mogelpackung. Einige sehr mutige Exemplare tragen sogar beim Vorstellungsgespräch ein Unterhemd mit der Aufschrift »Mogelpackung« unter einer weißen Bluse und treten damit die Flucht nach vorn an: Sie wissen, dass sie gut genug sind, auch wenn sie sich in dem Moment bestimmt nicht so fühlen!

BENEHMEN IST KEINE GLÜCKSSACHE

Die Diva benimmt sich auffallend geschliffen, zum Beispiel, indem sie bei jeder Einladung pünktlich zu- oder absagt. Alles andere empfände sie als stillos. Als der *WOMAN's Business Club* den damaligen *Porsche*-Chef Wendelin Wiedeking einlud, erwarteten wir, wie bei Prominenz üblich, keine persönliche Antwort. Nicht so Herr Wiedeking (damit erwiesenermaßen eine Diva): Er konnte die Einladung zwar nicht annehmen, schickte aber prompt einen sehr sympathischen Brief, eigenhändig mit Füller unterschrieben. Das hatte Stil.

Die Diva käme auch nie auf die Idee, mit der Begründung, sie habe etwas Besseres vor, abzusagen. Weder direkt noch indirekt.

Und nimmt sie Einladungen an, hat sie stets ein (kleines) Geschenk dabei: Blumen, ein ausgesuchtes Buch, ein selbst gemaltes Bild, einen guten Wein, einen fantasievoll bedruckten Golfball oder irgendwas Nettes für die Kinder. Und dabei ist sie – wenn möglich – ganz Netzwerkerin[2]: Das Kinderbuch ist selbstverständlich von einer Netzwerkkollegin und signiert, auch Wein und Golfball »haben Verbindungen«. Ein Geschenk bringt die Diva auch mit, wenn alle anderen Gäste meinen, ihr Kommen sei bereits Geschenk genug und rechtfertige Bewirtung und »Goodie bags« (typisch bei Partys von PR- oder Werbeagenturen). Die Diva nutzt auf diese Weise ihre große Chance, sich positiv von den anderen zu unterscheiden.

Sie mault nicht über das Buffet, lästert nicht mit anderen Gästen über das Kleid der Gastgeberin, sie beschwert sich nicht über Preise von Getränken oder die Tiefgarage und mäkelt nicht an dem Impulsreferat herum. Sie registriert, bildet sich eine Meinung – und schweigt, denn sie will weder als kleinliches Lästermaul in Erinnerung bleiben noch als Kuh.[3] War die Diva auf einer Veranstaltung, bedankt sie sich anschließend – nicht selten mit einer eleganten handschriftlichen Karte.

---

2 Zum Thema Netzwerken empfehle ich Ihnen auch mein Buch *Erfolgsstrategie Networking. Business-Kontakte knüpfen, organisieren und pflegen*, Allitera-Verlag, 3. Auflage 2009

3 Deshalb kaut sie auch niemals Kaugummi.

Zum Thema »Stil« gehört natürlich auch die Etikette-Regel in Sachen Kleidung: Tragen Sie maximal 13 Teile am Körper (inklusive Unterwäsche, Schmuck und Handtasche).[4] Dann sind Sie niemals »overstyled«.

Mit drei Ohrringen, zwei Piercings, drei Armreifen plus Tattoo, knalligem Lippenstift und rot lackierten Finger- und Fußnägeln hätten Sie den Bogen also definitiv überspannt. Aber mal wieder gilt: Wer die Form kennt, kann sie missachten und sich wie Karl Lagerfeld und Lady Gaga als Gesamtkunstwerk betrachten.

Stil zeigt sich allerdings auch in dem, was wir sagen (oder auch nicht sagen). Neulich meinte ich, meinen Ohren nicht trauen zu können: Eine meiner Kolleginnen bekommt nach einem Seminar als Dankeschön einen prächtigen, liebvoll ausgesuchten Blumenstrauß geschenkt. Und sie hat nichts Besseres zu tun, als der edlen Spenderin am nächsten Morgen zu erklären: »Ich bin ja mit dem

---

4 Zu Ihrer Entlastung: Socken und Ohrringe zählen jeweils nur einfach.

Flieger da. Deshalb habe ich den Strauß der Rezeptionistin geschenkt!«

Gegen die Tatsache an sich ist gar nicht so viel einzuwenden. Einen üppigen Blumenstrauß auf einen Flug mitzunehmen kann ziemlich umständlich sein. Stil-, weil respektlos ist es jedoch, es der Schenkenden auf die Nase zu binden. Kabarettist Dieter Nuhrs glasklarer Kommentar: »Manchmal muss man einfach nur die Fresse halten.«

DER TON MACHT DIE MUSIK

Die junge Mutter mit Wohnort Hamburg freut sich auf den Besuch ihrer Freundin Charlotte aus Düsseldorf, die prompt auf ihren »Hilferuf« reagiert hatte: »Bitte, du musst unbedingt kommen. Mir fällt die Decke auf den Kopf. Den ganzen Tag nur Babygeschrei. Auch wenn ich den Kleinen über alles liebe, ich gehe ein wie eine Primel!« Wenige Tage vor dem geplanten Besuch telefonieren die beiden: Charlotte ist hörbar erkältet. Ihre Stimme klingt wie Kermit der Frosch persönlich. »Du«, sagt die junge Mutter harsch, »wenn du krank bist, dann bleib lieber zu Hause. Ich habe überhaupt keine Lust darauf, dass der Kleine sich ansteckt und ich nachts nicht schlafen kann, weil er es auch nicht kann. Wenn du dann wieder topfit bist, kannst du ja gerne kommen. Aber krank lieber nicht!« Das war direkt. Charlotte fühlt sich vor den Kopf gestoßen. »Ich habe mich gefühlt, als hätte ich die Schweinepest! Klar will jede Mutter ihr Kind vor Krankheiten schützen. Aber dieser aggressive Ton hat mich getroffen!«

Wie hätte eine Divenmutter reagiert? Sie hätte zum Beispiel sagen können: »Oje, dir geht es gerade gar nicht gut, oder? Das tut mir total leid. Ich hätte dich sooo gerne bei mir, andererseits habe ich Angst, dass Paul sich anstecken könnte …« Die Diva bringt ihr Gegenüber auf die richtige Idee, und zwar in einem unaufgeregten, warmen Tonfall.

Und noch ein frappantes Erlebnis: Ich stehe an der Bäckertheke, aber keine Bedienung in Sicht. Ich warte einen Moment und mache mich dann bemerkbar. Schimpfend (á la: »Habe ja sonst nix zu tun … kann mich nicht aufteilen!«) taucht die Verkäuferin auf. Mit freundlichem Ton (der aber eigentlich ironisch gemeint war) sage ich ihr: »Das Einzige, was stört, ist der Kunde, nicht wahr?« Augenscheinlich hat sie den Inhalt meines Satzes überhaupt nicht gehört, sondern nur den Tonfall wahrgenommen. Und augenblicklich wird sie sehr freundlich und fühlt sich von mir sehr wertgeschätzt. Am Ende hatten wir beide die andere in guter Erinnerung.

Man merkt, dass der Ton viel wichtiger ist als die Bedeutung.

WERTE MACHEN WERTVOLL

Ein alter, aber immer noch zeitgemäßer Wert ist Pünktlichkeit. Mit Pünktlichkeit erweise ich dem anderen gegenüber Respekt und beweise gute Kinderstube. Während der Kumpeltyp sicherheitshalber zwei Busse früher nimmt und dann märtyrerhaft in der Kälte bibbernd auf die Verabredung wartet, fällt die Zicke gerne mal auf, indem sie viel zu spät mit großem Auftritt hereinrauscht. Die Diva macht da kein großes Aufhebens drum, sie ist gerne pünktlich, erlaubt sich dann und wann höchstens mal das »akademische Viertel«. Ihr Wort gilt. Sie ist zuverlässig und braucht keine Erinnerungsmail. Wenn sie zugesagt hat, dann kommt sie – oder sagt frühzeitig und angemessen ab.

Die Diva hat starke ***Werte*** *und feste* ***Überzeugungen.***

Eine weitere Tugend der Diva: Großzügigkeit. Seit längerer Zeit beobachte ich in meinem Freundeskreis, dass wieder gerne und viel gefeiert und eingeladen wird. Allen voran meine Freundin Michaela. Sie liebt es, ihre Lieben um sich zu haben. Auch Hans genießt die Gesellschaft von Freunden. Sein Problem: Er ist geizig. Der geizigste Mensch, den ich kenne. Gerne nimmt Hans Einladungen an, doch sobald er selbst an der Reihe ist, »eine Runde zu geben«, verweilt er so lange auf der Toilette, bis die Gefahr gebannt ist. Wir Freunde spötteln schon liebevoll dezent bis deutlich genervt, was Hans aber generös überhört. Einige Freunde haben sich inzwischen von Hans distanziert und laden ihn auch nicht mehr ein. Nicht so Michaela. »Mei, so isser halt!« Donnerwetter, denke ich.

Die Diva erwartet stets das ***Beste*** *vom Menschen … und liegt damit oft richtig.*

Eines Tages allerdings ergreift Michaela auf einer gemeinsamen Autofahrt die günstige Gelegenheit: »Du, Hans, du bist seit über zehn Jahren ein gern gesehener Gast bei uns, fehlst auf keiner Party, und wenn du Sorgen hast, findest du bei mir immer ein offenes Ohr. Ich finde, es ist an der Zeit, dass du mich einmal zum Essen einlädst!« »Aha«, antwortet Hans zwischen erstaunt und überrumpelt. »Ja, können wir ja mal machen.« Ich beobachte die Szene vom Rücksitz aus und gebe Michaela null Chance auf ihr

Essen – werde aber eines Besseren belehrt. Denn schon eine Woche später meldet sich Hans bei Michaela mit einigen Restaurantvorschlägen. Nicht gerade Gourmetküchen, aber solide und gemütlich.

Vor einigen Jahren lernte ich bei einem Businesslunch eine ältere Dame kennen. Eine überaus charismatische Unternehmerin. Am Ende des Mittagessens verlangte jede von uns eine Quittung für die Buchhaltung. Es war ja schließlich ein Geschäftsessen. Nur die ältere Dame nicht.

»Brauchen Sie keine Quittung?«, fragte ich.

»Nein«, antwortete sie, »ich möchte nicht, dass der Staat mein Privatvergnügen finanziert.« Eine starke Meinung, die mir sehr imponiert.

Häufig genug habe ich Menschen erlebt, die Aufgaben im Rahmen eines Ehrenamtes lausig und lieblos erledigt haben, mit der Begründung, sie bekämen ja schließlich kein Geld dafür. Wie anders klingt da der Satz von der Kommunikationstrainerin Edith Joost-Gehren: »Bei einem Ehrenamt geht es um viel mehr als um Geld. Es geht um meine Ehre. Und dafür strenge ich mich ganz besonders an, oder ich lasse es von vornherein sein!«

Jedem Obdachlosen, der mich um einen Euro bittet, gebe ich einen – und zwar respektvoll, gerne und mit einem Lächeln. »Wieso machst du das denn?«, werde ich immer wieder gefragt. »Der versäuft dein Geld doch nur!« Vermutlich, aber ich habe diesbezüglich keinen »Lehrauftrag«. Wie oft werden Sie um einen Euro gebeten? Bei mir geschieht das vielleicht zweimal in der Woche, und das mitten in München. Die acht Euro monatlich kann und will ich mir leisten.

Ein anderes Beispiel: »Bei mir gibt es keine Deppenarbeit!«, erklärt Marie, ihres Zeichens Konditorin. »Ich wurde als Lehrling damals ›second class‹ behandelt, und es gab viele unwürdige Arbeiten, die nur wir Lehrlinge machen mussten, zum Beispiel den Gehsteig fegen. Natürlich hassten wir schon aus Prinzip genau diese Arbeiten. Irgendwann schwor ich mir: Sollte ich mal Lehrlinge haben, wird jede Tätigkeit gleich wichtig sein, denn jeder verdient Respekt und Wertschätzung. Heute habe ich vier Lehrlinge, und dreimal dürfen Sie raten, wer den Gehsteig fegt … Meistens ich.«

Zwei meiner Netzwerkkolleginnen, beide junge Selbstständige, haben für sich folgende Regel aufgestellt: »Wenn wir uns zum Austauschen im Restaurant treffen, zahlt immer die, der es gerade wirtschaftlich besser geht.«

Werte haften wie Teflon. Ein Leben lang. Deshalb lebt die Diva nach ihren Überzeugungen und Prinzipien – bleibt dabei aber selbstkritisch und lässt sich gerne von Ideen anderer überzeugen …

ICH MUTE MEINER UMWELT MEINE VOLLE GRÖSSE ZU!

Der elegante Gang. Die aufrechte Sitzhaltung. Typisch Diva.

Eine unterhaltsame Übung, während Sie auf Bus, Bahn oder am Zebrastreifen warten: Beobachten Sie doch mal, wie die Menschen gehen. Schnell gewinnt man den Eindruck, dass über die Hälfte der Menschen unter extremen Haltungsproblemen leidet: krummer Rücken, Schlurfen, Trotten … Elegant und dynamisch ist anders.

»Viel wichtiger als die Visitenkarte ist der schöne Gang. Er ist in jeder Gewichtsklasse möglich«, so Christine Kaufmann in ihrem Buch *Verführung zur Lebenslust.* »Ein Gang aus der Körpermitte heraus vermittelt Kompetenz, Selbstbewusstsein und Leichtigkeit.« Diven haben sich diesen Gang antrainiert. Diven achten dabei natürlich darauf, »Schuhe zu tragen, die einen majestätischen Gang geradezu provozieren: Elegant und trotzdem bequem, keine Sitzschuhe, keine Ballerinas (die stehen nur ganz jungen und wirklich grazilen Frauen), aber auch keine Klumpschuhe oder Stelzen.« Das gilt übrigens entsprechend auch für Flipflops, den Gangverschandler schlechthin.

»Sitz gefälligst gerade!« Diese elterliche Weisung, die uns als Kind so verhasst war, kommt uns heute zugute, denn wer gerade sitzt, pflegt nicht nur die Rückenmuskulatur, sondern wirkt auch größer und bedeutender. Wer hingegen wie ein nasser Sack im Sessel hängt, hat bestimmt keine souveräne Ausstrahlung.

Gucken Sie sich doch mal bewusst Menschen an, die sich genau so bewegen, wie Sie sich gerne bewegen möchten. Und dann: Nachmachen! Denn das Bewusstsein ist ein starkes Werkzeug. Einen schönen Gang kann man übrigens trainieren, z.B. im Schauspieltraining oder man gönnt sich ein High-Heel-Training, also einen Kurs für sturzfreies und elegantes Gehen auf hohen Schuhen.

Größe im wahrsten Sinne des Wortes zeigen Sie auch, wenn Sie atmen. Das tun Sie? Achten Sie doch mal darauf, wo sich Ihr Atem bewegt. Bis in den Bauch? Wer richtig atmet, und das heißt tief ein und aus, der kriegt beim Einatmen ein kleines oder (in meinem Falle) ein größeres Bäuchlein. Und zwar immer und jede/r! Drum merke: Wer mit kräftiger Stimme reden oder singen will, darf nicht in erster Instanz schlank wirken wollen (und den Bauch einziehen). Das wirkt auf Dauer verkrampft und äußerst unattraktiv.

Eine Diva verniedlicht sich auch optisch nicht. Wenn sie 1,80 m groß ist, dann ist sie halt 1,80 m groß. Sie macht keinen krummen Rücken, wenn ihr Partner kleiner ist als sie. Nein, sie genießt

ihren Raum, steht zu ihrer Größe und kann gut einen optisch kleineren Mann neben sich »ertragen«. Im Gegenteil, sie fordert den Widerspruch geradezu heraus und zieht mit Absicht die höchsten Pumps an, die sie finden konnte. Und auch kleine Frauen profitieren von einem aufrechten Gang, denn Ausstrahlung/Größe hat nichts mit tatsächlicher Körpergröße zu tun oder hätten sie gedacht, dass Harry Potter-Darsteller Daniel Radcliffe nur 1,65 m, Paula Abdul 1,53 m oder Dany DeVito sogar nur 1,46 m messen?

Neulich hatte ich ein spannendes Erlebnis beim Friseur. Neben mir saß eine ca. 60-jährige Dame: zierlich, mädchenhaft gekleidet, Ballerinas. Dem Figaro hörte sie mit weit aufgerissenen Augen zu, das Stimmchen klang hell und lieblich wie das eines sehr jungen Mädchens. Mit kleinen Tippelschritten lief sie zum Waschbecken. Sie bekam kein Getränk angeboten und wurde bei der Haarpackung vergessen. Sie wurde einfach nicht ernst genommen.

SCHWEIGEN IST MAGIE

ie Diva pflegt ihre Geheimnisse, gibt nicht alles eis. Denn sie ist sich darüber im Klaren: Wenn de/r alles über sie weiß, stirbt ihr Mythos.

Ein wunderbares Beispiel ist unsere Bundeskanzlerin. Sie beherrscht das Spiel perfekt, denn sie weiß, was man vorschnell preisgibt, bringt andere erst auf den Plan. Sie macht aus ihrem Herzen keine Mördergrube und überlegt und bespricht die Dinge erst mit ihren Verbündeten, bevor sie öffentlich redet. Dass die Jungs ihr dies als Führungsschwäche auslegen, damit kommt sie klar.

Die Diva verhält sich Fremden gegenüber freundlich, aber reserviert und erlaubt keine allzu große Nähe. Eine bekannte Künstlerin zum Beispiel gibt bei ihren heißbegehrten Malkursen alles, ist sehr präsent und leidenschaftlich. Möchten die begeisterten Teilnehmer anschließend ein privates Nachtreffen mit ihr vereinbaren, sagt sie jedoch ab. Respektvoll, aber deutlich – und zitiert Ingeborg Bachmann: »Wenn einer fortgeht, muss er den Hut mit den Muscheln, die er sommerüber gesammelt hat, ins Meer werfen (…)«

Vor einigen Jahren wollte ich eine renommierte TV-Persönlichkeit als Dozentin für unseren Club gewinnen. Doch gleich bei unserem ersten telefonischen Kontakt zog mich diese vermeintlich starke Frau dermaßen in ihre private Welt »voller Ungerechtigkeiten und unverschämter Menschen« hinein, dass ich nach dem Telefonat – völlig verdattert und entsetzt – von einem Engagement absah. Heute weiß ich solche Verhaltensweisen besser einzuschätzen, denn ich habe gelernt, dass große Stärken eben auch mit großen Schwächen einhergehen. Vor allem exponierte Künstler, Schriftsteller und Redner haben privat gar seltsame Macken, Schrullen oder Einstellungen. Sie haben eine exzellente Wahrnehmung, originelle Ideen, machen liebevolle Geschenke und bringen pointierte Aussagen. Gleichzeitig versetzen sie uns regelmäßig oder kommen um Stunden zu spät und können komplett beleidigt sein, wenn der Kellner das falsche Wasser bringt. Doch eine Diva weiß sich geschickt davon abzugrenzen: Wir kriegen zwar immer das Gesamtpaket geliefert, müssen aber das, was uns nicht schmeckt, nicht essen. Die Diva erlaubt sich in solchen Fällen, Störendes wegzublenden und konzentriert sich auf das, was sie wahrnehmen möchte.

Natürlich hat auch die Diva ihre Schwächen (ihre Emotionalität, ihren Gerechtigkeitsfimmel, ihre Essgewohnheiten und was sonst noch so dazu kommt), doch diese mutet sie möglichst nur den Menschen zu, die ihr wirklich nah sind.

WAS WILL ICH HABEN: RECHT ODER ERFOLG?

Buchautorin Julie ist empört. Da hat doch ein Kollege in seinem neuen Fachbuch gnadenlos bei ihr geklaut. Zwei geniale Passagen hat er Wort für Wort übernommen. Sie ist stinksauer und würde ihm am liebsten sofort den Hals umdrehen. Doch zwei volle Wochen tut sie nichts. »Ich musste erst einmal Zeit gewinnen. Ansonsten hätte ich nur überreagiert«, erklärt sie. Schließlich aber ruft sie den besagten Kollegen an. Sie bleibt ganz sachlich und sagt ihm, wie sie sich gerade fühlt. Der Kollege gibt sich zunächst ahnungslos und verspricht, die Sache zu überprüfen. Julie glaubt ihm. Und noch am selben Tag meldet er sich. Tatsächlich: Eine Praktikantin hat sich an Julies Buch bedient, weil sie glaubte, diese Passagen seien »Allgemeingut«. Dem Kollegen ist das Ganze hörbar unangenehm. Gemeinsam überlegen sie, wie eine Lösung aussehen könnte. Das Ergebnis: Der Kollege nimmt Julies Buch in die Empfehlungen auf seiner Website auf, zitiert sie sauber in der nächsten Auflage und positioniert sie zudem mit einem Interview. Mittlerweile ist aus einer ärgerlichen Geschichte eine bereichernde Freundschaft entstanden.

Die Zicke hätte in einer ähnlichen Situation sofort Terror angezettelt, mit dem Kadi gedroht – und überhaupt nichts gewonnen.

Barbara, Mutter eines 17-jährigen Jungen, hat für drei Wochen einen Austauschschüler aus den USA zu Besuch. Ein smarter Bursche, ebenfalls 17, adrett und gut erzogen. Allerdings zeigt sich schnell, dass er zu Hause verwöhnt wird und eine Marotte hat: Mehrmals täglich zieht er sich um und schmeißt die nur kurz getragene Kleidung in die Wäsche in der Erwartung, sie schnellstmöglich frisch gewaschen und gebügelt zurückzuerhalten. Barbara schmunzelt, schnappt sich kurzerhand die Wäsche, faltet sie und legt sie dem Burschen in sein Zimmer. Der ist höchst zufrieden, denn er bemerkt diese Art von »Schnellwäsche« nicht.

»Wir kamen wunderbar miteinander aus und haben noch heute herzlichen Kontakt«, erklärt Barbara, ganz Diva. Als Kumpeltyp hätte sie die Wäsche klaglos gewaschen nach dem Motto: »Es sind ja nur drei Wochen, und wenn er es so gewohnt ist – was soll's.« Als Zicke hätte Barbara ihm erklärt, dass es so ja wohl nicht gehe, sie sei schließlich nicht sein Hausmädchen und ob ihm klar sei, wie wenig umweltbewusst er sich verhalte, und so weiter und so fort.

Annika, 34 Jahre, hat sich in der Werbebranche einen guten Namen gemacht. Sie lebt mit ihrem Mann in Berlin und hat immer mindestens drei Jobangebote in petto. Als ihr Mann einen lukrativen Posten in der Schweiz erhält, zögert Annika nicht lange – »Da komme ich mit!« – und freut sich schon auf den Tapetenwechsel. In der Schweiz angekommen, nimmt sie sich einen

Monat Auszeit, um sich in Ruhe einzurichten und nach Jobs umzuschauen. Gelegenheiten für gute Leute gibt es genügend, und so dauert es nicht lange, bis Annika die ersten Vorstellungsgespräche hat. Die Gespräche laufen super. Die Gesprächspartner sind begeistert von ihrem Profil, von ihr als Person und von ihren Kontakten. Einen Job bekommt sie dennoch nicht. Mehr oder weniger deutlich wird ihr gesagt, man schätze sie als Person, befürchte aber, dass sie dem Unternehmen nicht lange erhalten bliebe, da verheiratet und im gebärfähigen Alter. Man wolle das Risiko nicht eingehen, dass sie, kaum eingearbeitet, schwanger werde. Annika ist verdutzt. Und es hilft auch nichts, dass sie erklärt, sie habe den Kinderwunsch für mindestens drei Jahre ad acta gelegt und würde, selbst wenn sie ein Kind bekäme, sofort nach dem gesetzlichen Mutterschutz weiterarbeiten. Dass die Situation in der Schweiz sich so ganz anders darstellt als in Berlin, damit hatte Annika nicht gerechnet. Sie ist stinksauer und belegt erst einmal einen Kickbox-Kurs, um ihre Aggressionen loszuwerden.

Knapp zwei Wochen später hält sie mit ihren besten Freundinnen Kriegsrat. »Eine gute Strategie muss her!« Und schon bald ist diese gefunden: Annika streicht aus ihrem Lebenslauf den Passus »Familienstand: verheiratet«.

In den folgenden Vorstellungsgesprächen gibt sie auf Nachfrage an, dass sie glücklich mit ihrer Lebenspartnerin zusammenlebe. Und siehe da: Ruckzuck bekommt sie einen sehr attraktiven Job.

Nach einem halben Jahr – Annika fühlt sich sauwohl im Unternehmen und hat die Probezeit mit Bravour gemeistert – steht ein Grillfest an. Mit Partnern! Nach anfänglichen Fluchtgedanken beschließt Annika, sich dem Thema zu stellen, und nimmt ihren Mann mit zur Party. Als sie ihn mit den Worten »Mein Mann Thomas« vorstellt, klappt einigen die Kinnlade herunter. Spät am Abend kommt ihr Chef auf Annika zu, klopft ihr auf die Schulter und sagt: »Mutige Verkaufsstrategie. Kompliment. So etwas erwarte ich von kreativen Mitarbeitern. Weiter so!« Sprach's, grinst und feiert weiter.

»Mein Gott, war ich erleichtert!« Annika wusste, dass ihr Verhalten grenzwertig war. Der Schuss hätte durchaus nach hinten losgehen können. Sogar eine Kündigung wegen arglistiger Täuschung hätte ihr ein anderer Chef aushändigen können.

»Natürlich wäre es auch ein Weg gewesen, für ›meine Rechte‹ zu kämpfen – und vermutlich ohne Job zu bleiben. So aber war ich schnell erfolgreich, wenn auch meine Methode nicht ganz rechtens war.«

Es kommt nicht darauf an, Recht zu haben, sondern Erfolg.

Recht zu bekommen hilft meistens eben nicht weiter. Deshalb ist es so wichtig, auf den kleinen Schlaulipauli in uns zu verzichten und den Erfolgskurs anzusteuern.

Hier kommt noch ein Beispiel. Und zwar von mir. Ich wurde vor vielen Jahren oft mit folgendem Satz zitiert: »Will eine Frau einen Kredit über 10.000 Euro für eine neue Küche – kein Problem. Will sie jedoch 10.000 Euro für ihre Existenzgründung, hat sie in der Regel keine Chance«.

Einige Jahre später, als die *WOMAN's Business Akademie* acht Jahre alt wurde und richtig gut lief, beschlossen wir zu vergrößern. In größere Räume, chic, mit schönen Möbeln. Dafür benötigten wir von der Bank 30.000 Euro, die Reserven wollten wir nicht angreifen. Mit viel Sorgfalt stellten wir die Papiere für unsere Firmenbank zusammen. Einen Kredit bekamen wir nicht. Aus Prinzip und mit dem Hinweis, dass man sich derzeit grundsätzlich nicht in Dienstleistungen engagiere.

Wie der Zufall es wollte, rief mich wenige Tage später meine private Bank an. »Frau Scheddin, wollen Sie sich nicht etwas Schönes gönnen, einen Urlaub zum Beispiel? Wir würden Ihnen gerne einen Kredit anbieten!« Mir lag das »keine Zeit für Urlaub« schon auf der Zunge und ich bekam gerade noch die Kurve. »Hmmh, wo wir so nett telefonieren… Ich wollte mir schon lange eine Super-Duper-Luxusküche kaufen.« »Okay«, sagt die Bankerin, »wie viel Geld brauchen Sie?« Lange Rede – kurzer Sinn: Ohne jede Mühe hatte ich die gewünschten 30.000 Euro vier (!) Tage später auf meinem Konto. Da hatte mich doch glatt meine eigene Geschichte eingeholt.

Wenn ich diese Story erzähle, kommen regelmäßig folgende Resonanzen von Frauen: »Das ist aber nicht korrekt. Wenn die Bank das mitkriegt, müssen Sie das Geld sofort zurückzahlen.« Der Bank war es völlig schnuppe, wofür ich das Geld brauchte. Hauptsache, sie konnten am Kredit verdienen und bekamen das Geld wieder zurück. Und das haben sie.

EINFACH LEBEN!

Die Diva vermeidet es, zu viel zu besitzen

»Ich will nicht die Übersicht verlieren. Wozu, bitteschön, brauche ich 20 Uhren? Eigentum verpflichtet, und ich will meine Freiheit. Ich will meine Zeit nicht damit verplempern, mein Eigentum zu verwalten«, so Friederike. Das erlebe ich bei vielen Diven – wobei hier auch die meisten Ausnahmen die Regel bestätigen, denn Diven haben häufig einen formidablen Schuhtick … Für mich persönlich ist Einfachheit eine großartige Sache.

Ein paar selbstgemachte Regeln helfen dabei, zum Beispiel:

- Für jedes Paar neuer Schuhe gebe ich ein altes Paar ab.
- Für jeden Ordner, der in der Firma neu angelegt wird, wird ein alter aussortiert. Als Unternehmerin muss ich meine Geschäftsunterlagen zwar zehn Jahre lang aufbewahren, aber ab dem elften Jahr wird ausgemistet.
- Am Jahresende mustere ich überflüssige Adressen …
- … und Klamotten aus. Nicht mehr getragene Kleidung wird in einem Koffer mit Geschenken und einer kleinen Geldspende ins Frauenhaus gebracht.

Mein Kollege Dr. Friedrich Assländer hat den dazu sehr passenden Satz geprägt: »Es gibt so viele schöne Dinge, die ich nicht brauche!«

WER ÜBER PROBLEME LACHEN KANN, SCHMUST SCHON MIT DER LÖSUNG

Man kann das Entstehen von Gefühlen wie Ärger oder Wut nicht verhindern, aber man kann den Umgang mit ihnen trainieren.

Es gibt grundsätzlich vier Möglichkeiten, mit Ärger umzugehen:

1. Depression/Rückzug/beleidigt sein
2. Aggression
3. Sport/Bewegung
4. Humor

Ärger ist Energie, die umgewandelt wird.

Die *depressive* Persönlichkeit (nicht im klinischen Sinne) nimmt alles persönlich und schluckt es: »Ja, klar, ist ja wieder typisch. Tausend Fahrräder werden täglich geklaut – und welches ist wieder dabei? Meins! Die Welt ist sooo ungerecht.« Heul. Oder: »Ich habe vier Kolleginnen – und wer muss in den Osterferien arbeiten und darf keinen Urlaub nehmen? Ich!« Wochenlang ist sie beleidigt, wenn jemand vergisst, ihr zum Geburtstag zu gratulieren, und räumt – still vor sich hin leidend – jeden Morgen die verschwitzten Joggingklamotten ihres Gatten weg.

Wer nur diese Art der Verarbeitung kennt, riskiert vorzeitig graue Haaren, Ärgerfalten und Magengeschwüre, geht anderen vielleicht auf die Nerven, stört das soziale Gefüge aber nicht weiter – und schon gar nicht die Quelle des Ärgers.

Die *aggressive* Ärgerpersönlichkeit ist zu 80 Prozent männlich und brüllt herum, prügelt sich oder tritt zumindest gegen den Mülleimer. Das macht für den Moment nicht wirklich beliebt, schafft aber klare Grenzen – und »die blinde Wut« wird intensiv bearbeitet. Hat sich der psychologische Ärgernebel erst einmal verzogen, ist die Sicht frei für die Lösung. Energie ist ja genug da.

Warum so viele Menschen morgens oder abends mit verbissenem Gesicht im Park herumrennen? Ganz offensichtlich nicht, weil sie so gerne *Sport* treiben. Das trifft nur auf etwa die gelöst dreinblickende Hälfte der Läufer/innen zu. Die anderen bauen zwar auch Kondition auf, aber in erster Linie Ärger ab. Die Festplatte erhält neuen Speicherplatz. Die tüchtigen Jogger rennen gegen ihren Chef, die biestigen Kolleginnen, die unangenehmen Kunden. Sport ist damit die sozialverträgliche Form des Prügelns und auch für Damen opportun. Bürotauglicher Frustsport kann übrigens schon der Gang zur Toilette oder das Holen eines Tees sein: Sollten Sie also morgen eine ärgerliche E-Mail bekommen, dann ist tiefes Durchatmen angesagt, holen Sie sich einen aromatischen Tee, genießen Sie ihn – und erst dann reagieren Sie. Souverän statt schnippisch.

Die beste Form, Ärgerenergie konstruktiv zu verwandeln, ist jedoch *Humor*: einfach über Schräges und Übles zu lachen und dem Ärger damit seine destruktive Macht zu nehmen. Denn wer lacht, kann nicht gleichzeitig aggressiv oder depressiv sein. Lachen verbindet, während Aggression und Depression trennen. Humor ist bekanntlich, wenn man trotzdem lacht ...

In der *Süddeutschen Zeitung* stand einmal sinngemäß: »Frauen, die laut lachen, kriegen keinen Mann ab.« Das können wir unmöglich so stehen lassen ... Meinte auch Sissi Perlinger, als ich mich einige Tage später mit der – gerade frisch liierten – Kabarettistin darüber unterhielt: »Das ist absoluter Quatsch.« Allerdings sollten Frauen unbedingt lernen, Witze zu erzählen. Warum? Weil Humor nicht nur das Ärgerbewältigungsmittel Nummer eins sei, sondern charmant erzählte Witze jede noch so steife Runde auflockerten ... Prompt planten wir ein Witzeerzählseminar für Frauen. Denn Witzeerzählen ist noch immer eine Männerdomäne. Fast alle Frauen behaupten: »Ich kann mir keine Witze merken!« Was heißen soll: »Ich will mir keine Witze merken, weil ich mich nicht in den Vordergrund stellen mag« – und weil es als »unweiblich« gilt. Haben Sie schon mal beobachtet, wie gerne und vor allem urkomisch Mädchen Witze erzählen? Aber schon einige Jahre später können sie es plötzlich nicht mehr, dann überlassen sie den Jungs dieses wirkungsvolle Feld der Selbstdarstellung.

Humorvolle, gern lachende Frauen können deshalb nachhaltig irritieren. Die Freundinnen Christiane und Naomi waren zum Golfen auf Mallorca und entschlossen sich, einen Golflehrer zu engagieren. Schließlich kannten sie den Platz nicht. An intensives Training hatten sie dabei weniger gedacht und sich (sehr frevelhaft für »echte« Golfer) auch nicht eingespielt. Beide golfen zwar leidenschaftlich gern, aber leider noch grottenschlecht ... Sie schlugen also die ersten Bälle auf. Eine Katastrophe im Auge des fachmännischen Betrachters, und sofort gab ihnen der Trainer unzählige Tipps und Ratschläge, die Naomi aber zunächst ignorierte. Zu viel auf einmal; sie musste sich ja schon genug konzentrieren. Christiane aber lachte sich schlapp. Der Trainer fühlte sich von dem Lachen persönlich beleidigt – und brach das Training erbost ab. Dabei war das Lachen gar nicht despektierlich gemeint gewesen, sondern einfach Christianes Art, mit der eigenen Inkompetenz als Golferin umzugehen. »Ich lache über mich und damit das Problem weg! Und wenn Mann damit nicht umgehen kann – who owns the problem?«

Alle »normalen« Frauen hätten sich für ihr Versagen beim Abschlag vermutlich tüchtig geschämt und wohl ein Dutzend Mal um Entschuldigung gebeten. Das ist das, was die »Jungs« kennen und erwarten. Frauen entschuldigen sich schließlich sogar, wenn sie den Ball beim Tennis ins Aus schlagen. Ja, spinnen wir denn? Sich für etwas zu entschuldigen, das a) nicht unsere Absicht ist und b) sowieso schon mit Punktabzug bestraft wird? Nicht so die Diva, denn Lachen ist das Diven-Elixier schlechthin: Sie lacht – oder schmunzelt zumindest –, wenn ihr der Bus vor der Nase wegfährt, wenn sie eine Laufmasche in der piekfeinen Strumpfhose hat, wenn sie im Vortrag den Faden verliert …

Und diese Sache ist mir bei einem wichtigen Vorstellungsgespräch passiert. Ich trug Stiefeletten, die ich von Anfang an auf dem Kieker hatte. Es ergab sich, dass ich mit dem US-Präsidenten der Firma, dem Europachef und dem General Manager Deutschland auf dem Weg zu einem Essen war, bei dem sie mich als potenzielle Mitarbeiterin kennenlernen wollten. Das Kölner Kopfsteinpflaster gab dem Absatz des Stiefels bereits nach 100 Metern den Rest. Weg war er. Wer mit nur einem Absatz durch die Gegend läuft, fühlt sich sämtlicher Souveränität und Eleganz ad hoc beraubt. Was also tun? Ich lachte und bat die Herren, mir dabei behilflich zu sein, den anderen Absatz ebenfalls zu kappen, damit ich wieder in Balance komme. Sie lachten sich schlapp und versuchten, meinen Wunsch zu erfüllen. Was soll ich sagen: Dieser

Absatz war bombenfest. Keine Chance. Den Job allerdings bekam ich – mit dem Hinweis, dass ich nachweislich krisentauglich sei. Allerdings mutierte diese Geschichte zum Firmen-Schenkelklopfer, der jährlich zur Weihnachtsfeier seinen Platz hatte. »Do you remember, Monika, in Cologne where you lost your heel …?«

Ein wenig Lachstoff zum Üben: drei bewährte Divenwitze

(Ich ahne es: Die Zicke schreibt mir hierauf einen empörten Leserbrief und zweifelt an meinem Intellekt.)

Sagt eine Frau zur anderen:
»Ach, mein Mann ist ja in letzter Zeit immer so deprimiert!«
Antwortet die andere:
»Hm, meiner ist auch ein Depp. Aber prämiert wurde er noch nie!«

Das Flugzeug hat Verspätung. Eine Frau macht ihrem Ärger am Abfertigungsschalter Luft:
»Bei dem lahmen Betrieb ist ja selbst eine Hexe auf dem Besenstiel schneller am Ziel!«
Lächelnd erwidert der Beamte:
»Nur zu, Madame. Die Startbahn ist frei!«

*

Eine alte Dame huscht bei Rot über den Zebrastreifen.
»Hey, Sie, haben Sie mein Pfeifen nicht gehört?«, ruft der Polizist, der sie dabei gesehen hat.
»Doch«, erwidert die alte Dame, »aber ich habe schon eine Verabredung!«

*

Wer darüber nicht lachen kann, hat nun zwei Möglichkeiten:
1. Sie tun so, als könnten Sie darüber lachen.
2. Sie kramen Ihre Lieblingswitze oder zwei komische Alltagsanekdoten heraus und schicken sie mir. Unter www.Diva-in-Dir.de finden Sie dann einen Witz, über den auch Sie lachen können.

ICH BIN MEIN EIGENER FIXSTERN!

Die Diva lässt sich nicht auf einen Look festlegen – sie hat ihren ganz individuellen Stil: schrill wie Vivienne Westwood, Karl Lagerfeld und Sissi Perlinger oder eigenwillig (z. B. bieder bis klassisch kombiniert mit Schlangenlederstiefeln) oder völlig unauffällig (dann aber mit roten Dessous, halterlosen Strümpfen … einem Geheimnis eben).

»Kleidung ist für mich ein Statement«, sagt Konstanze Streese, Schreibtrainerin und gestandene Diva, »das meiner persönlichen

Befindlichkeit voranläuft, das ich also erst wähle und mich dann prägt. Ich kaufe wenige Stücke, die aber immer in super Qualität, egal ob neu oder secondhand. Wenn ich einkaufe – und das tue ich selten –, dann gucke ich nie nach dem, was gerade modisch ist, sondern suche immer danach, was mich glücklich macht: besondere Farbtöne, besondere Stoffe, besondere Schnitte. Es ist mir wurscht, was das kostet. So habe ich ein paar spitze Krokodillederschuhe, flach, die perfekt zu einer braunen Jeans passen. Die habe ich für 25 Euro secondhand gekauft. Zu derselben Jeans trage ich einen Leinenpulli, der 290 Euro gekostet hat und einen Gürtel für 160 Euro. Ich liebe meinen Messingring für 15 Euro aus Afrika und besitze eine Kette aus Rohdiamanten und Gold, für die ich meine Fonds aufgelöst habe, weil sie mich an die Wurzel meiner ästhetischen Sehnsüchte führt.

Alles in allem: keine Regel außer die, dass ich zu alt bin, um mich mit Halbheiten zufriedenzugeben. Nichts mehr, was ich muss, sondern alles, was ich will.«

Ein mindestens ebenso aufregendes Verhältnis hat die Diva zu ihrem Parfum: 80 Prozent der Diven benutzen nicht die klassischen süßlichen und pudrigen Damenparfums, wenn sie überhaupt eines auflegen. Sie bevorzugen tendenziell leicht herbe oder zitronige Düfte. Typischerweise entsprechen sie mal wieder überhaupt nicht dem Mainstream. Da der Markt die Zielgruppe der Diva noch nicht entdeckt hat, weicht die Diva bisweilen auf Herrendüfte aus.

Die Top-10-Liste der Diven-Parfums[5]:

› Allure, Chanel (als Damen- und Herrenduft)

› Aromatics Elixier, Clinique

---

5 Quelle: Befragung von 240 Businessfrauen, *WOMAN's Business Akademie*, Januar 2009

- Eau Dynamisante, Clarins
- Eau de Toilette Verveine/Verbena, L'Occitane
- Égoïste, Chanel (Herrenduft)
- Jasmin Noir, Bulgari
- Narciso Rodriguez
- Omnia, Bulgari
- Pleasures, Estée Lauder
- Vera Wang

Eine Diva legt ein Parfum aber niemals einfach so auf. Sie wählt bewusst aus … Überlegen Sie sich morgens, was Ihnen der Tag bringen soll: Wenn Sie schon wissen, dass heute ein stinklangweiliges Meeting auf der Agenda steht, dann wählen Sie zum Beispiel »Pleasures« aus. Also deutlicher Fokus auf Spaß. Hand drauf, es wirkt. Wollen Sie aber das Neinsagen üben, dann könnte »Égoiste« helfen. Für exotisch-romantische Stunden hingegen steht »Vera Wang«.

Entdecken Sie auf dem Weg zur ***Divenklasse*** *Ihren Spieltrieb wieder.*

Selbst das Aufsprühen wird von der Diva nicht mechanisch-schnöde erledigt, sondern zu einem Ritual: »Ich verbeuge mich vor der wichtigsten Person, die ich kenne. Vor mir selber. Und sprühe mir den Duft auf den Rücken!«, erklärte mir neulich eine Kundin. Klasse, oder?

Während meiner Vorträge stelle ich gerne die Frage: »Wer von Ihnen hat Parfum aufgelegt?« Regelmäßig melden sich 90 Prozent der Anwesenden. »Und wer riecht die Nachbarin?« Selten meldet sich hier mal jemand. Im Gegenteil. Meistens riechen wir noch nicht einmal unser eigenes Parfum. Fazit: Wir sind zu dezent geworden. Traut euch mal wieder etwas, Mädels. Aus für die graue Maus.

»Und wenn mein Duft nicht überall gleich gut ankommt?« Antwort: *Everybody's Darling is everybody's Depp*! Achten Sie mal genau drauf: Die Menschen, die Sie mögen, haben meistens auch einen (für Sie) wohlriechenden Duft an sich. Bestimmte Duftnoten – das soll hier nicht verschwiegen werden – provozieren allerdings Schnappatmung, vor allem in größeren Dosen. Wenn Sie also auf Nummer sicher gehen wollen, verzichten Sie auf Parfums oder legen nur dezent auf. Insbesondere im Job. Wer sich jedoch eindeutig positionieren will, sollte sich ruhig mal trauen.

3

Die DIVA und ihre Rollen

Auch die Diva bewegt sich in diversen Rollen: Mal ist sie geschäftlich unterwegs, mal hat sie es mit einer Konkurrentin zu tun, dann wieder kümmert sie sich um Haushalt und Kind. Wie meistert die Diva diese unterschiedlichen Rollen? Nimmt sie jede an?

DIE DIVA ALS FREUNDIN

Die Diva hat eine überschaubare Anzahl an echten Freundinnen und Freunden, also an Menschen, mit denen man durch dick und dünn geht. Sie ist keine Klette und Überkümmerin, aber sie pflegt den Kontakt regelmäßig (wenn vielleicht auch nur zweimal im Jahr).

»Ich bin beruflich sehr engagiert, und der Job hat für mich aktuell Zeithoheit. Doch wenn ein Freund oder eine Freundin mich braucht, bin ich da. So einfach ist das«, sagt Kim. Dann lässt sie alles stehen und liegen und fährt mit der an Liebeskummer leidenden Freundin zum Quatschen an den See. »Noch heute lachen wir uns tot darüber – der Typ ist längst Geschichte –, aber die See-Nummer war schon goldig. Es war Sommer, sehr warm, und wir hatten eine Kühltasche mit. Darin: eine Flasche Prosecco und zwei edle Kristallgläser, in cremefarbenen Stoffservietten eingewickelt. Sonst nix. Das war alles, was wir in dem Moment brauchten.«

Zeit für Freunde ist kein Muss, sondern Haltung. Emotionale Großzügigkeit gehört zur Divenfreundin.

»Liebe mich dann, wenn ich es am wenigsten verdient habe, denn dann brauche ich es am nötigsten.« Dieser Postkartensatz beschreibt das Verhalten der Diva am besten. Sie rechnet nicht auf und fühlt sich auch nicht persönlich beleidigt, wenn ihre beste Freundin ihren Geburtstag vergessen hat.

Die Diva ist keine Oberlehrerin, die ihre Freunde mit ihren Wertvorstellungen und Grundsätzen verfolgt. Sie wird nur tätig, wenn es von ihr verlangt wird oder Gefahr im Verzug ist. Sie gesteht jedem das Recht auf eigene Fehler zu. Findet die Diva zum Beispiel, dass ihre Freundin zu viel arbeitet und Raubbau an ihrer Gesundheit betreibt, so mäkelt sie nicht an ihr herum, sondern schenkt ihr zusammen mit anderen Freundinnen ein Wellness-Wochenende.

Falls nötig, ist auch mit einem frechen Satz in puncto Männerwahl von der Divenfreundin zu rechnen: »Süße, ich finde, du flirtest aktuell unter deinen Möglichkeiten!«

Neid unter Freundinnen? Ja, den gibt es. Allerdings nicht der besitzergreifende, missgünstige Neid, sondern der gönnende »Das hätte ich auch gerne«-Neid im Sinne von Ansporn. »Wieso hast du es geschafft, von einer Minute zur anderen nicht mehr zu rauchen? Riesensauerei, das will ich auch!«

»Kauft sich meine Freundin die gleiche Bluse wie ich, weil sie die so toll findet, ist das völlig in Ordnung. Ein Ritterschlag für meinen Geschmack. Macht das jedoch eine Person, die ich nicht schätze, geht das gar nicht!«

Geraten Freunde in finanzielle Nöte, hilft die Diva aus: Pragmatisch, wie sie ist, schließt sie einen privaten Darlehensvertrag ab, damit Klarheit herrscht und Missverständnisse die Freundschaft nicht belasten können. Oder wie im Fall von Petra: »Meine Freundin Klara kann mit Geld definitiv nicht umgehen. Ich bin zwar nicht reich, aber die 500 Euro kann ich mir leisten. Ich schenke sie ihr. Einfach, weil ich weiß, dass ich das Geld niemals zurückbekäme. Die Freundschaft ist mir viel mehr wert!«

Freundschaftsdienste sind an der Tagesordnung. Aber: Niemand wird ausgenutzt. Reinhold Kopp, Friseur und Buchautor, sagte: »Echte Freunde erwarten von mir nicht, dass ich ihnen kostenlos die Haare schneide!« Wohl wahr. Und gerade deshalb macht man ihnen gerne einen Vorzugspreis.

Klarheit in Sachen Freundschaftsdiensten ist wichtig: Die eine hilft beim Organisieren der privaten Geburtstagsfeier, andere helfen beim Umzug mit, die nächste hat stets ein professionelles Coaching-Ohr bei Nöten und geht bei Wind und Wetter mit dem Dackel eine Runde, ein anderer lädt für sein Leben gern in angesagte Restaurants ein ... Jeder tut das, was er kann und mag. Ich persönlich bin in Krisen jederzeit für meine Freunde da, aber als Umzugshelferin kann man mich vergessen. Ich gebe so häufig Wochenendseminare, dass ich an einem freien Samstag definitiv keine Kisten schleppen werde.

Divenfreundinnen sind herrlich pragmatisch und liebevoll zugleich. Ich war Single, mein Vater gerade gestorben, Weihnachten und Silvester standen vor der Tür. Ich wollte auf gar keinen Fall die übliche Familienfeier, bei der meine sentimentale Ader nur irritiert und stört. Ich mochte überhaupt niemanden sehen, sondern einfach nur allein sein. Ich fand es sehr schön, dass ich viele Einladungen hatte (»Komm zu uns, du bist herzlich willkommen«), aber ich wollte sie nicht annehmen. Auch nach weihnachtlichem Gedöns war mir nicht. Meine Freundin Bärbel hat mir trotzdem eine Kiste mit Weihnachtsschmuck – von Engelchen, Kerzen bis hin zu kleinen Geschenken mit viel Glitter – geschickt. Das war dann doch richtig schön. Als wir nach Silvester telefonierten, erklärte ich ihr, das Einzige, was mich an dem Weihnachten-allein-zu-Hause-Sein gestört habe, seien die mitleidigen Nachbarn gewesen. »Das kenne ich«, sagt Bärbel trocken, »was meinst du, warum ich als Single Weihnachten freiwillig Dienst geschoben habe?« Allein für diesen Satz muss man sie knutschen, denn sie rückte die Dinge an den richtigen Platz. Übrigens eine Divengabe: den Dingen die angemessene Aufmerksamkeit geben. Wenig oder viel. Bärbel ist Ärztin, meiner Meinung nach die beste, die es gibt. Und wenn sie mich besucht, bin ich natürlich vorbereitet. Es gibt immer ein paar Selbstbefunde, die besprochen sein wollen. Ob da nun ein komischer Fleck auf dem unteren Oberarm oder merkwürdiges Herzrasen ist, Bärbel weiß die Dinge spontan gut einzuordnen. Wenn da etwas Ernsthaftes wäre, bekäme ich sicher umgehend den unmissverständlichen Auftrag, auf der Stelle einen Termin beim Facharzt zu machen. Meistens reagiert sie jedoch so (je nach Stimmung):

- Sie schaut sich den »komischen Fleck« an und gibt mir ihren fachlichen Rat.
- Sie erklärt mir, sie sei im Urlaub, und unternimmt nichts.
- Sie setzt ein dramatisches Gesicht auf und erklärt mir: Monika, das ist ganz schlimm, das muss sofort amputiert werden.

Aber ganz egal, nach welcher Behandlungsmethode ihr gerade ist: Es geht mir danach besser – auch wenn ich ihr schon das eine oder andere Mal augenzwinkernd das Ende unserer Freundschaft angekündigt habe.

Diven teilen aus – und verzeihen schnell und großmütig.

Christiane und Naomi zicken sich gerne mal an (»Bitte melde dich das nächste Mal an, bevor du auf meine Party kommst – insbesondere, wenn ihr zu zweit seid!«). Das Schöne: Spontanes Zurückzicken ist völlig okay. Dann telefonieren sie – und die Sache ist gegessen. Zurück bleibt nicht der Hauch einer Unstimmigkeit. Im Gegenteil, dieser Schlagabtausch macht beiden Spaß.

Inspiration, Offenheit, Großzügigkeit, Humor und Vertrauen prägen die Divenfreundschaft. Es wird offen über Geld, Ängste, Partnerschaft und Krankheit gesprochen. Dennoch werden die Grenzen des anderen gewahrt. Es gibt Dinge, die will man weder wissen noch sich vorstellen, auch Dinge, die man einfach nicht zum Thema machen will. Und es gibt Leichen im Keller, die dort sehr gut verwahrt sind.

Alles ist schön, wenn man es mit Liebe betrachtet. Dieser Satz von Christian Morgenstern kam mir in den Sinn, als ich einem Bekannten das Bild meiner gut aussehenden Freundin Ella zeigte und er mit »So gut sieht die doch gar nicht aus!« reagierte. Ich war völlig verblüfft, bis ich erkannte, dass ich alle meine Freundinnen und Freunde als gut aussehend empfinde, wenn auch nicht immer im klassischen Sinne.

DIE DIVA ALS FEINDIN

»Ich suche keine Feindschaften, das widerstrebt schon meinem Anspruch nach Großzügigkeit, aber manchmal überkommt es mich doch«, erklärte Claire. »Wobei das Wort Feindin fast zu hoch gegriffen ist. Ich mag allerdings keine unhöflichen Menschen, die mich aus purer Wichtigkeit nicht grüßen. Und ich habe eine gut gepflegte Abneigung gegen gewollte Kindfrauen mit ihrer einstudierten Kein-Wässerchen-trüben-Nummer. Solche, die aussehen, als würden sie beim kleinsten Windstoß umfallen, die mit ihrer erlernten Hilflosigkeit und aufgesetzten Piepsstimme die Männer dazu bringen, alles für sie zu tun. Und nicht nur die Männer.

Auch so manche Frau unterstützt das ›hilflose Mädchen‹ und hievt ihren Koffer ins Gepäckfach der Bahn – nur um dann miterleben zu müssen, dass genau diese Püppchen sich ständig zielgerichtet vordrängeln, sehr genau wissen, was sie wollen, und dabei so arglos dreinschauen, dass niemand ihre Masche und Durchtriebenheit ahnt. Diese Püppchen bekommen meine Antipathie deutlich zu spüren: Ich ignoriere sie.«

Ähnlich geht es Hannah: »Tut mir leid, aber eine erwachsene Frau, die sich bei mir mit ›Hallo, ich bin die Susi!‹ vorstellt, habe ich von Anfang an auf dem Kieker. Das geht gar nicht. Wer Susanne heißt, soll sich auch so vorstellen, sobald sie aus der Pubertät ist. Dass andere sie Susi nennen, weil sie sie sehr mögen, ist eine ganz andere Geschichte. Aber sich selbst so vorzustellen …«

Auch aufgesetzte, unauthentische Personen bekommen ihre Quittung von der Diva. Ellen arbeitet als Rezeptionistin im Büro. Die ehemalige Stewardess hat offiziell eine Stimme wie Susi von *Herzblatt* (Hoppla, schon wieder Susi!). Die Herzblattstimme ist wie die überflutende Freundlichkeit, allerdings nur antrainiert für Kunden am Telefon. Spricht sie ein Kollege im Büroalltag an, kassiert er ein mit dunkler Reibeisenstimme vorgetragenes, unfreundlich klingendes »Häääh?«. Vulgär und derb und zwei Oktaven tiefer als ihre Telefonstimme. Zwischen den beiden Frauen »Ellen professionell« und »Ellen in echt« liegen Welten, eigentlich Abgründe. Kunden und Vorgesetzte behandelt sie schleimig, Kollegen wie den letzten Dreck. »Mit so jemandem pflege ich keinen Umgang«, meint Peter kategorisch.

Neulich auf dem Golfplatz: Ein Paar läuft auf. Beide super gestyled. Er schickt sie zum Bälleholen. Sie stolziert brav gen Ballautomaten, schmeißt eine Münze ein. Erster Korb ist voll. Beim zweiten Durchlauf stellt sie den Korb nicht richtig unter die Öffnung, sodass 30 Bälle wild durch die Gegend purzeln. Ich stehe hinter der Dame und helfe ihr beim Einsammeln. Ihre Reaktion: nichts. Kein Blick, kein Lächeln, kein Danke. Sie stolziert zurück zu ihrem Liebsten, und kaum ist er in Sicht, fängt sie an zu strahlen. Er erklärt ihr seine neueste Schlagtechnik. Sie hört aufmerksam zu, nickt und bewundert – immer strahlend. Sie schlägt selbst und strahlt. Er erklärt ihr wieder etwas – sie strahlt. Ihm gelingt ein super Schlag – und sie kriegt sich kaum noch ein. Jetzt verstehe ich: Diese Frau hatte für mich keine Energie mehr übrig. Sie braucht alle Kraft für ihren Mann. Die Jungs würden dieses Verhalten »engpasskonzentrierte Strategie« nennen. Alle Kraft fürs Objekt der Begierde. Der Rest ist nicht existent. Ich staune und schone meine Energie, als sie und ich wenig später im gleichen Team spielen müssen. Als ihr Mann einen meiner (zugegebenermaßen seltenen) Superschläge bewundernd kommentiert, genieße ich ihren Neid. Tja, die Welt ist ungerecht!

Corinna kann berechnende Menschen nicht ausstehen. »Ich hab die einfach dicke! Eine Kollegin, die mich bei allen Geschäftsevents wie Luft behandelt hat, die mich jetzt aber plötzlich bei *XING* als Kontakt hinzufügen möchte, kaum dass ich den Topjob habe … Sorry, no chance. In solchen Fällen liebe ich die Funktion ›Abweisen.‹«

»Kannst du mir einen Gefallen tun und Herrn Müller von der Gästeliste streichen?«, bittet Frau X Herrn Y. Dieser fragt nach dem Grund und erfährt, dass sich Herr Müller vor geraumer Zeit tüchtig danebenbenommen und Frau X unfair behandelt hat. »Kein Problem«, sagt Herr Y – und schwupps … Müller ist draußen. Die Diva ist nicht nachtragend, aber eben auch nicht vergesslich, wenn es um Faulheit, Unfreundlichkeit und Ungerechtigkeit geht. Dann ist die Diva auf Krawall gebürstet und kann lange auf ihre Chance warten.

Ich erinnere mich an eine Situation in einer Postfiliale. Das ist Jahre her, damals verschickten wir unsere Akademieprogramme noch per Infobrief. Ständig änderten sich die Postregeln, und man konnte mit falschem Sortieren viel Zeit vergeuden. Ich stehe also in der Post und stelle diesbezüglich eine Frage. »Das weiß ich nicht!«, antwortet mir der Mann am Schalter und bückt sich unter den Tisch. Ich denke, er sucht jetzt entsprechende Unterlagen, um seine Wissenslücke zu schließen. Gefühlte fünf Minuten später taucht er wieder auf, schaut mich an und schnauzt: »Sie sind ja immer noch da!« Nach innerlicher Schnappatmung setze ich ein Lächeln auf, beuge mich vor und sage leise: »Ja, und ich verrate Ihnen etwas: Ich bleibe jetzt so lange, bis ich die Information habe, die ich brauche, Herr Höppeldipöpp!«

Faulheit und Unfreundlichkeit in einer Person. Das ist schon allerhand. Andere Beispiele wie »Ich bin nicht zuständig«, »Kollege kommt gleich, ich hab Pause« kennen Sie selbst zu Genüge.

Hübsch sind auch Fälle von Amtsanmaßung, wenn sich Parkwächter oder andere Menschen in Uniform wichtig machen und unsinnige Anweisungen geben. Wenn frau zum Beispiel Kilometer weit weg parken soll, obwohl vorne ein Parkplatz frei ist. In solchen Situationen verhält sie sich ganz divenhaft, als wenn sie eine Anweisung überhaupt nicht verstanden hat. Mit einem Lächeln, versteht sich. »Ach du meine Güte, das haben Sie gemeint. Ich dachte, Sie hätten mich gegrüßt. Aber ist es denn auch in Ordnung, wenn ich hier parke?« In den meisten Fällen funktioniert es. Aber nur, wenn nicht plötzlich die Zicke aus dem Fenster blökt und anfängt zu diskutieren.

»Wer mich beleidigt, bestimme ich!«, so einst Schauspieler Klaus Kinski. Eine echte Diva hat gelernt, mit Kritik und Missgunst umzugehen. Sie hat sich einen Schutzpanzer zugelegt, der viel negative Energie abprallen lässt. Auf Feindschaft hat die Diva keine Lust. Die Kraft, die sie für eine Feindschaft bräuchte, investiert sie viel lieber in Positives. Und so leistet sie sich hin und wieder Unverträglichkeiten – mehr aber nicht. Spürt sie Neid, dann hat sie immer im Hinterkopf: Neid zeigt dir, wo dein Weg ist.

DIE DIVA ALS BUSINESSFRAU

Mit dem Begriff der Businessfrau tun sich noch viele schwer – Männlein wie Weiblein. Als wir für den »Fachkongress für Businessfrauen« Bilder für einen Prospekt benötigten, waren die Vorschläge des Grafikers wohl eher »wishful thinking«: junge Frauen, edel gekleidet mit lackierten Fingernägeln am Computer sitzend. Aber auch Frauen haben offenbar entsprechende Bilder im Kopf. Wenn zum Beispiel die 15 Teilnehmerinnen unseres Seminars »Doing by undoing« (eine Mischung aus Fortbildung, Networking und es uns gut gehen lassen) abends in der Hotelbar sitzen, sorgen sie bei den anderen Hotelgästen für Aufregung. Was sind das für Frauen? Es ist kein Damenkegelclub, sie sind nicht auffällig auf Männerfang aus, aber flirtkompetent, gut aussehend – mindestens aber gepflegt, selbstbewusst, ohne männliche Begleitung, sie lachen viel und laut miteinander. Die Damen um uns herum grübeln – und das Ende vom Lied ist immer das gleiche: Ein Mann wird vorgeschickt, um uns zu fragen. Unsere Antwort »Businessfrauen auf Fortbildung« hilft dann auch nicht weiter. Sie bleiben ahnungslos.

Was ist eigentlich eine Businessfrau?

In Ermangelung einer klaren Definition haben wir in Zusammenarbeit mit der Marktforscherin Elke Dobisch eine Umfrage gestartet. Im September 2010 lagen uns dann die Ergebnisse vor.[6]

---

6 Die vollständigen Untersuchungsergebnisse finden Sie hier: www.WOMANs.de

Wer hat sich an der Umfrage beteiligt?

- 100 Frauen, und zwar:
- 66 Prozent Freiberuflerinnen oder Unternehmerinnen
- 25 Prozent leitende Angestellte
- 15 Prozent Angestellte
- 11 Prozent Hausfrauen
- 1 Prozent Beamtinnen[7]

Alter:

- 19 Prozent 31 bis 40 Jahre
- 53 Prozent 41 bis 50 Jahre
- 28 Prozent 51 und älter

Partner oder nicht?

- 65 Prozent leben in fester Partnerschaft oder sind verheiratet
- 35 Prozent Singles

Und das fand ich spannend: 86 Prozent der befragten Frauen verstehen sich als Businessfrauen. Doch was macht für sie eine Businessfrau aus?

Der Begriff »Businessfrau« enthält zwei Hauptdimensionen:

- das Arbeitsumfeld
- Persönlichkeitsmerkmale.

Das Arbeitsumfeld:

- eine verantwortungsvolle Tätigkeit mit Entscheidungsspielraum
- mit direktem Kontakt zu Kunden, Auftraggebern etc.
- mit entsprechend hohem Einkommen

---

7 Mehrfachnennungen waren möglich.

Eine **Businessfrau**

- denkt und handelt unternehmerisch
- ist vor allem durchsetzungsstark, ehrgeizig, gut organisiert, kompetent und engagiert
- räumt dem Beruf einen hohen Stellenwert ein und betreibt ihn mit Lust und Leidenschaft
- legt Wert auf Selbstbestimmung
- ist mutig und hat Humor
- verfügt über ein sicheres Auftreten und behauptet sich in der Männerwelt
- muss ständig daran arbeiten, Beruf, Familie und Freizeit unter einen Hut zu bringen.

Es gibt zwei Diven-Arten im Business: die »Zufriedenen«, die ihren Job ganz gerne machen, nach dem Motto »alles, was es wert ist, getan zu werden, ist es wert, gerne getan zu werden«, die aber keine großen Karriereambitionen hegen, und die anderen, die Arbeiterinnen aus Leidenschaft, »Gestalterinnen« mit großen Zielen und Visionen – zu finden in Führungspositionen oder als Unternehmerinnen.

Die »Zufriedenen« sind zum Beispiel Taxifahrerin, nicht selten mit abgeschlossenem Hochschulstudium. Sie regen sich nicht auf, wenn ein Fahrgast nur eine kurze Strecke fährt, weil sie wissen, nach dem Gesetz der Wahrscheinlichkeit kommt bald jemand, der richtig Umsatz lässt. Die Zufriedenen sind zufrieden, »weil ich beschlossen habe, damit zufrieden zu sein. Ich genieße das Leben, habe viel Zeit für mein Hobby und kann während der Arbeitszeit lesen. Wer kann das schon. Ich treffe spannende Menschen, erfahre höchst interessante Geschichten. Manchmal muss ich meine ganze Stärke beweisen, wenn ein Fahrgast seine Aggressionen an mir auslässt, weil gerade kein anderer Blitzableiter zur Verfügung steht.«

Die »Zufriedenen« stecken oft auch in »Selbstausbeuter-Positionen«: Redakteurinnen, PR-Frauen, Lektorinnen etc. Sie leisten Überstunden ohne Ende, weil sie Spaß an den Inhalten haben. Eine Diva sind sie aber nur, solange sie wirklich zufrieden sind. Sobald sie insgeheim nach gerechter Überstundenvergütung schielen, wären sie eher der selbstaufopfernde Kumpeltyp.

Die »Gestalterinnen« hingegen wollen etwas bewegen, suchen Macht und Verantwortung. Wenn Frauen als Führungskraft agieren, verhalten sie sich auch so: klar und anweisend. Sie übernehmen Verantwortung, sind machtbewusst und treffen Entscheidungen, sind dominant. Das wird weiblichen Führungskräften gerne vorgeworfen: »Die hat Haare auf den Zähnen« oder »Die verhält sich wie ein Kerl« heißt es dann abfällig – obwohl stets Bewunderung mitschwingt.

Es gibt übrigens keinen *männlichen* Führungsstil. Wer führt, hat immer einen erkennbaren, nachvollziehbaren Führungsstil. Wer führt, entscheidet, hat Struktur, informiert, kommuniziert, motiviert, kontrolliert, gibt konstruktives Feedback und hat Vorbildfunktion. Das gilt für Frauen und Männer gleichermaßen. Nur weil wir meistens männliche Führungskräfte erlebt haben, schreiben wir diesen Stil den Männern zu und stempeln Frauen mit Führungsstärke als »männlich« ab. Völliger Quatsch. Frauen in Führungspositionen übernehmen keine Sozialdienste und bemuttern auch nicht, schlicht und ergreifend, weil es nicht zu ihrem Job gehört …

Die Business-Diva Typ »Gestalterin« gestaltet auch ihr Jahr: Am Jahresanfang nimmt sie sich Zeit für ihre Ziele. Sie plant, was sie sich privat und geschäftlich für das Jahr wünscht. Regelmäßig überprüft sie den Status und nimmt gegebenenfalls Korrekturen vor. Sie sucht sich Unterstützung und nimmt Kontakt zu den Menschen auf, die ihr bei der Erreichung ihrer Ziele behilflich sein können. Am Jahresende zieht sie Bilanz, räumt auf und feiert ihre Erfolge. Die obligatorischen Misserfolge kleidet sie in neue Ziele oder schreibt sie auf einen Zettel und verfeuert sie zu Silvester.

Noch immer überlassen viele Businessfrauen die repräsentativen Jobs den Jungs. Freiwillig. Weil ihnen Redenhalten Angst macht, weil sie Smalltalk langweilig und Netzwerken anstrengend finden. Und weil sie ihre eigentliche Arbeit nicht erledigen können, wenn sie auf ein Netzwerkevent gehen. Nicht so die Business-Diva. Die hat gelernt, dass Leistung nur anerkannt wird, wenn entsprechend getrommelt wird. Sie weiß, dass es ohne Networking nicht geht. Dass sie Kontakte aufbauen muss, bevor sie sie braucht. Wer erst anfängt, Beziehungen aufzubauen, wenn er schon arbeitslos ist bzw. als Unternehmerin dringend neue Aufträge benötigt, hat denkbar schlechte Karten, denn in diesem Stadium souverän, selbstbewusst und chancenorientiert aufzutreten ist schier unmöglich. Aber aus Mitleid bekommt niemand einen Job oder Auftrag. Die bekommen vor allem jene, die sie nicht händeringend brauchen. Bevor Sie jetzt »Wie ungerecht« denken, versetzen Sie sich doch mal in die Position einer Arbeitgeberin. Wem würden Sie Verantwortung übertragen?

Die Diva nimmt lieber gleich alle Gelegenheiten wahr, Reden zu halten, neue Kontakte zu knüpfen. Sie drückt sich nicht. Sie ist Gast auf Podiumsdiskussionen und gibt Interviews in Fachmagazinen. Selbstverständlich hat auch sie Bammel davor. Das gesteht sie sich ein und lässt sich trainieren. Für sie ist ein Rhetorikseminar absolutes Muss. Die meisten Führungskräfte, die ich coache, bereiten sich mit mir regelmäßig auf die wichtigsten Reden vor – und üben. Wieso sollte es mit dem Redenhalten anders sein als mit einem Musikinstrument? Was wir gut beherrschen wollen, müssen wir regelmäßig üben. Und wenn wir überzeugen wollen, müssen wir zudem Freude daran entwickeln. Meine Freundin Anke Meyer-Grashorn kann ein Lied davon singen. Lange Zeit hat sie gejammert, ich hätte sie als ihr Coach »gezwungen«, Reden zu halten (mal ganz abgesehen davon, dass ein Coach niemanden zwingt, sondern nur Fragen stellt und bisweilen motiviert, denn der Prozess des Übens ist anstrengend und mit vielen Aufs und

Abs gepflastert.) Wer Anke heute als Rednerin hört, ist davon überzeugt, es mit einem Naturtalent zu tun zu haben. Sie verdient ihr Geld damit, Reden mit Erinnerungswert zu halten …

Die Herren der Schöpfung haben längst herausgefunden, dass Charisma und Unterhaltungswert den beruflichen Werdegang elegant ebnen können. Und um das zu lernen, gehen sie auch ungewöhnliche Wege. Selbst der frühere *Microsoft*-Deutschland-Chef Jürgen Gallmann nahm Schauspieltraining, um seine Wirkung zu verbessern.

Dass sich Frauen im Geschäftsleben anders verhalten als auf einer privaten Gartenparty ist für die Jungs erst einmal verwirrend, insbesondere wenn sie mangels Masse so wenig Erfahrung mit weiblichen Kolleginnen auf gleicher Ebene haben. Doch besonders scharf urteilen Frauen über ihre Geschlechtsgenossinnen, die auf der Führungsebene agieren: »Das ist doch keine Frau mehr. Ich persönlich möchte ja lieber authentisch bleiben!« Authentizität als Entschuldigung für eigenes Nichtvorwärtskommen? Authentizität ist allerdings keine Voraussetzung, sondern Belohnung, denn als junge Führungskraft muss man so viele Dinge tun, bei denen man überhaupt nicht authentisch sein kann, weil man sie noch nie vorher erlebt hat. Schließlich haben wir in Schule oder Studium keine Feedbackgespräche geführt und auch nie jemanden entlassen müssen. Und selbst für eine gestandene Führungspersönlichkeit ist Authentizität nicht immer machbar. Ihr aufrichtiges Mitgefühl ist nämlich nicht gefragt, wenn Sie einem Mitarbeiter, den Sie gern mögen und der fünf Kinder hat, die Kündigung aussprechen müssen.

Mit dem Thema Geld hat die Diva kein Problem. Es sei denn, sie hat zu wenig davon. Gutes Geld verdient aber nur die, die es auch will. Viel braucht es dazu nicht: eine adäquate Ausbildung, Erfahrung und Mut. Und natürlich Kontakte, um den eigenen Marktwert herauszufinden. 20 Prozent drauflegen und pokern. Verdient also ein Kollege in einer von Ihnen angestrebten Position

70.000 Euro pro Jahr, dann verlangen Sie 85.000 Euro. Sie benötigen ja schließlich noch eine Verhandlungsmasse. Die meisten Frauen verdienen nur deshalb weniger als Männer in vergleichbaren Positionen oder mit vergleichbarer Ausbildung, weil sie weniger verlangen. Ich weiß noch, wie ich mich bei einem amerikanischen Softwareanbieter »verkauft« habe. Ich habe mich einfach folgender Scheddin'schen Primitivformel bedient:

- vom Land in die Großstadt ziehend und zwei Hierarchiestufen nach oben = Gehaltsverdoppelung
- plus 500 Euro für teurere Miete
- plus oben genannten 20 Prozent (Verhandlungsmasse muss sein)
- plus die üblichen Boni bei Erreichen der Geschäftsziele
- plus Büro, persönliche Assistentin, Firmenwagen.

Die Summe? Die war natürlich üppig – und für mich damals astronomisch. Niemals habe ich damit gerechnet, dass die Jungs mir das zahlen. Auf ihr »Oh, das ist ja eine ganz schön hohe Summe!« konnte ich auch nur mit einem entschiedenen »Ja, das stimmt!« antworten. Mehr habe ich nicht gesagt. Und genau diese vornehme Zurückhaltung (ich war selbst von meiner Frechheit überrascht) wirkte so selbstbewusst, dass das Gehalt anstandslos gezahlt wurde. Nicht einmal an meiner Verhandlungsmasse haben sie geknabbert.

Wie wichtig Statussymbole (Büroausstattung, persönliche Assistentin etc.) wirklich sind, wurde mir allerdings erst etwas später klar: Ich war noch nicht lange im Unternehmen, da wurde mir der Posten des General Managers angeboten, eine gefährliche Wackelposition, weshalb ich das Angebot offiziell nicht ernst nahm. Daraufhin wurden die Jungs deutlicher, die Köder größer. Ein 5er *BMW* mit allen Schikanen war im Angebot, der mich zum großen Erstaunen meines Europachefs überhaupt nicht reizte. Was sollte ich mit einer Familienkutsche, wo ich doch gerade meinen ersten

Neuwagen gekauft hatte: einen *Renault Clio*, 75 PS, tiefergelegt und mit breiten Reifen. Aber was soll's … Es wurde ein *BMW*. Ein 3er, den fand ich viel schicker, dafür allerdings mit Skisack und Klimaanlage (für damalige Verhältnisse eine Sensation). Im Unternehmen wurde meine Beförderung wohlwollend zur Kenntnis genommen. Es änderte sich ja nicht viel. Erst, als ich ein paar Wochen später mit dem niegelnagelneuen Wagen vorfuhr, begriffen die letzten, dass ich nun ihr Boss war. Mein Name ganz oben im Organigramm? Uninteressant. Das Auto war's.

Wichtige Business-Regel: Als Diva nimmt man Status-Symbole an. Wir tun es nicht nur für uns …

Allen Business-Diven ist eines gemeinsam: Sie wollen keinen Erfolg um jeden Preis. Die »Zufriedene« von Haus aus nicht, die »Gestalterin« probiert sich aus, geht ihren Weg in Richtung Erfolg, Macht, Geld … und stellt sich dann die Frage: »Was ist es, was ich wirklich will?« Nicht selten erlebe ich, dass die Gestalterin dann zurückrudert. Dass sie sich für Zeit und Lebensqualität entscheidet. »Irgendwann war mir klar, dass ich nichts mitnehmen kann in die Gruft. Das, was ich wirklich brauche, ist relativ wenig. Erlebnisse, Erfahrungen, Liebe, Freundschaft, das sind die Dinge, die nähren. Ich hatte einfach keine Lust mehr, von Termin zu Termin zu hetzen, während um mich herum das Leben tobt!«, sprach die langjährige, erfolgreiche Führungskraft … und lehnte eine neue, internationale Aufgabe ab.

Eine große Stärke von Frauen ist es, sich selbst und ihren Weg infrage stellen zu können und gegebenenfalls neue Prioritäten zu setzen. Sie ziehen von der Stadt aufs Land, machen sich selbstständig oder gehen nach Jahren der freiberuflichen Tätigkeit zurück ins Angestelltentum. »Für immer?« Das weiß doch eine Diva nicht.

Eine große Schwierigkeit von Businessfrauen ist es hingegen, dass sie keine Ehefrauen zu Hause haben, die ihnen den Rücken freihalten. »Ein erfolgreicher Mann hat eine Frau im Rücken, eine erfolgreiche Frau kann froh sein, wenn ihr kein Mann im Nacken sitzt«, heißt es – und da ist schon etwas Wahres dran. Die Businessfrau hat jedenfalls tüchtig damit zu tun, all die verschiedenen Aufgaben parallel zu bewältigen: Sie muss viel arbeiten und so aussehen, als käme sie gerade aus dem Urlaub. Sie muss sich gut ernähren, ausreichend schlafen, Sport machen, netzwerken – und gegebenenfalls noch ihrem Mann den Rücken stärken. Von Kind(ern), Eltern und Freunden mal ganz abgesehen.

Hat die Businessfrau Divenpotenzial, so erweitert sie nach und nach ihre Dienstleistungsflotte (siehe Seite 96 ff.). Sie gönnt sich eine Ernährungsberatung, nimmt sich einen Personal Trainer usw.

Gute Kontakte sind Zukunftssicherung.

Auch in Sachen Networking ist die Business-Diva clever. Durchschnittlich zwei Jahre wollen Kontakte in der Regel gepflegt sein, bevor sie erntereif sind. Die Business-Diva ist Mitglied in einem Berufsverband, in einem branchenübergreifen Netzwerk, und sie hat einen persönlichen Stammtisch. Qualitätskontakte pflegt sie regelmäßig beim Mittagessen. Die Diva lässt sich von ihren Kindern, Nichten, Neffen oder Enkeln technisch updaten. Daher werden Sie sie auch in den gängigen Social-Media-Portalen wie *XING* und *Facebook* finden. Sie präsentiert sich professionell und nutzt ihre Chancen, belästigt ihre Umwelt aber weder mit Unfug (z.B. mit der aussagekräftigen Statusmeldung bei *XING*: Elfriede Höppeldipöpp sonnt sich gerade auf Madeira und genießt das schöne Wetter) noch mit ständigen Werbemails.

Beruflich, also auch bei ihren Netzwerkkontakten, orientiert sich die Diva auf gleicher Ebene – für den Erfahrungsaustausch – und nach »oben«, sucht den Kontakt zu Menschen, die schon da sind, wo sie gerne hin möchte. Berufserfahrungen auszutauschen ist eine hervorragende Möglichkeit, Inspiration und Know-how zu sammeln, ohne jede Erfahrung unbedingt selbst machen zu müssen.

Hier muss ich spontan an Gisela Rehm denken: Als sie ihre Firma *Donna Rosa* mit dem Ziel aufbaute, Businessfrauen mit der perfekten Handtasche zu versorgen, erkannte sie, dass ihr spezielles Wissen und besondere Beziehungen fehlten. Da fiel ihr das Buch von Professor Dr. Günter Faltin, *Kopf schlägt Kapital. Die ganz andere Art, ein Unternehmen zu gründen. Von der Lust, ein Entrepreneur zu sein,* in die Hände. Sie beschloss, Kontakt zu Herrn Faltin aufzunehmen, um von seinem Wissen zu profitieren. Kurzerhand organisierte sie ihn als Redner für den *WOMAN's Business Club*, in dem sie Mitglied ist. Nun hatte sie die besten Chancen, ihre wichtigsten Fragen persönlich beantwortet zu bekommen.

Auch das Thema Wirkung ist für die Businessfrau außergewöhnlich wichtig. In meiner Eigenschaft als Coach frage ich meine Kundinnen häufig: »Wie wollen Sie in Erinnerung bleiben, zum Bespiel bei einer wichtigen Rede, einem Geschäftsessen oder einem Vorstellungsgespräch?« »Kompetent und sympathisch!« lautet meistens die Antwort. Schön – aber viel zu wenig. Kompetenz wird a) vorausgesetzt und b) fehlt in der Regel die Zeit, diese unter Beweis zu stellen. Sympathie ist in Ordnung, allerdings nur als »Bonbon«. Schließlich wollen Sie nicht flirten, sondern berufliche Ziele erreichen. Viel prägnanter sind Eigenschaften wie erfolgreich, erfahren, souverän, kreativ, gut vernetzt, originell … Je nachdem, was gerade gefordert ist.

Ihre Wirkung überlässt die Diva nicht dem Zufall, sie arbeitet daran.

Die Diva nutzt »Ich will aber authentisch bleiben!« nicht als Entschuldigung (siehe Seite 91). Im Diventraining finden Sie eine konkrete Übung zum Thema Wirkung (ab Seite 144).

DIE DIVA ALS AUFTRAGGEBERIN

Ob es sich bei Handwerkern um den eigenen Gatten oder ein »gekauftes« Exemplar handelt, eins ist immer gleich: Der Handwerker möchte tüchtig bewundert und gelobt werden. Am liebsten ist es ihm, wenn wir die ganze Zeit dabei bleiben, anerkennend zugucken und uns dann und wann als Handlanger betätigen. Unser Ziel ist indes: Die Aufgabe soll schnell und einwandfrei erledigt sein. Möglich schmutz- und lärmfrei. Und in der Zwischenzeit würden wir uns am liebsten um unsere eigenen Dinge kümmern.

Die Diva findet einen eleganten Kompromiss: Jeder Handwerker wird von ihr persönlich und mit Namen begrüßt. Eine Verspätung von weniger als zwei Stunden merkt sie gar nicht erst an. Er bekommt etwas zu trinken angeboten, und ein paar Kekse oder Plunderstücke sind auch drin. Sie nimmt sich die Zeit, den Handwerker einzuweisen und gegebenenfalls seine Bedenken anzuhören. Sie achtet darauf, dass alles vorhanden ist und der neue Parkettboden gut geschützt ist. Dann sagt sie: »Ich nehme an, Sie kommen alleine klar? Wenn Sie Fragen haben, finden Sie mich im

Arbeitszimmer.« Die Diva hält es gut aus, wenn moderne Handwerker den Dreck später beseitigen. Niemals würde sie anbieten »lassen Sie mal, das mache ich schon«. Wurde die Arbeit gut erledigt, gibt sie ein angemessenes Trinkgeld, so kann sie sicher sein, dass sie beim nächsten Anlass nicht wieder Wochen auf einen Termin warten muss.

Viele Diven leisten sich eine Putzfee, es sei denn, sie empfinden Hausarbeit als Meditation. Eine freiberufliche Officemanagerin: »Ich berechne meinen Kunden 35 Euro die Stunde, meine Putzfrau kostet mich 12 Euro die Stunde. Nachdem ich lieber arbeite als putze, wäre ich doch schön blöd, wenn ich mir hier keine Hilfe nähme!« Putzfeen sind keine Leibeigenen – die Diva weiß das. Sie behandelt sie mit Respekt und großer Wertschätzung. Sie macht Geschenke zum Geburtstag und zu Weihnachten, und auch zwischendurch legt sie eine kleine Aufmerksamkeit hin. Sie hat ein Ohr, wenn ihre Putzfee Sorgen hat, bewahrt aber eine Grenze, um nicht zum persönlichen Kummerkasten zu werden. Die Diva verbrüdert sich nicht mit ihrer Dienstleistungsflotte, aber sie verhält sich fair und menschlich. Sie gibt klare Anweisungen und vergisst nicht zu loben. »Waren die Fenster gut letztes Mal?«, fragte mich einst meine Putzfee, und mir wurde wieder einmal klar, wie wichtig Lob ist. Lebenswichtig. Für jeden, und zwar regelmäßig. Verhalten wir uns nicht viel zu oft gemäß dem Motto »Nicht geschimpft ist genug gelobt« und denken, die Bezahlung reiche aus? Das Geld nicht die einzige Form der Bezahlung ist, wird in dem Beispiel einer Kollegin deutlich: »Nachdem meine Putzfrau fünf Jahre bei mir war und nie um eine Gehaltserhöhung angefragt hatte, habe ich ihr von mir aus den Stundensatz erhöht. Auch, weil sie bestimmte kleine Botengänge zusätzlich übernommen hatte und nie etwas dafür verlangte. Sie war hocherfreut, auch über das damit verbundene Lob und erklärte: »Bei allen anderen Kunden habe ich schon erhöht, nur bei Ihnen nicht, weil Sie mich immer so gut behandeln!« Donnerwetter!

Karin hatte sich vor einem Monat eine Lampe gekauft und professionell montieren lassen. Diese Lampe war nun defekt. Sie flackerte und nervte damit gewaltig. Karin reklamierte. Der Händler schickte zwar einen Monteur, doch zwei Tage später schmorten die Kabel durch. Kurzschluss und ein entsetzlicher Gestank. Karin reklamierte freundlich, aber bestimmt erneut. Allen Ernstes verlangte der Händler von ihr, sie möge die Lampe abmontieren und vorbeibringen. »Wissen Sie«, sagte Karin, »ich bin eine Frau und kann wunderbar Lampen kaufen, aber montieren …« Das verstand der Händler, denn das entsprach seinem Frauenbild. Sofort schickte er jemanden zum Abmontieren. Als Kumpeltyp hätte Karin die Lampe abmontiert, sich notfalls Hilfe von einem Freund geholt und sie dem Händler vorbeigebracht. Als Diva hat sie auf diese Weise knapp zwei Stunden Zeit gespart.

> »35 Prozent der Frauen verhalten sich wie Rosinenpicker, d.h. sie wechseln modernes und traditionelles Rollenverhalten zu ihrem Vorteil.«[8]

Im Taxi sitzt die Diva grundsätzlich hinten, denn so kann sie frei entscheiden, ob sie sich unterhalten oder ein wenig schlummern möchte. Sie kann telefonieren oder nachdenken. Ein geübter Taxifahrer wird sofort den Beifahrersitz nach vorne stellen, damit die Diva mehr Beinfreiheit hat. Denkt er nicht daran, wird ihn die Diva freundlich darum bitten. Und sie achtet darauf, dass sie die richtige Temperatur bekommt und die Fenster geschlossen sind, damit der Fahrtwind ihre Frisur nicht durcheinanderbringt.

Sie lässt lautes Radiogedudel ebenso wenig durchgehen wie die Bundesliga-Livereportage – es sei denn, sie steht drauf.

---

8 Studie *Männer in Bewegung*, 2009, im Auftrag der evangelischen und katholischen Kirche. Finanziert vom Bundesfamilienministerium. *RP* 19. März 2009

Auch beim Friseur entscheidet die Diva, wonach ihr gerade ist: reden oder genießen. Sie fühlt sich nicht verpflichtet, den Friseur freundlich nach seinem Urlaub oder Familienleben zu fragen und ihm dann stundenlang zuzuhören. Sie gibt aber auch nicht zu viel aus ihrem eigenen Leben preis, denn ein Friseursalon »hat Ohren«.

Die Diva gibt auch hier klare Anweisungen: »Ich möchte meinen Typ verändern. Ich möchte gepflegt, elegant, erfolgreich und gleichzeitig pfiffig wirken. Welche Ideen haben Sie dazu?« Vielleicht sagt sie dem Friseur auch noch, was sie beruflich macht, damit er ihre Vorstellungen besser einordnen kann. Dabei schaut die Diva dem Friseur direkt in die Augen und nicht oberselbstkritisch in den Spiegel. Sie will schließlich ein Ziel erreichen und nicht dem Friseur gefallen.

Die Diva ist begeistert, wenn die Frisur wunschgemäß ausfällt und zeigt ihre Skepsis, sollte sie nicht restlos überzeugt sein. Geht etwas daneben, flippt sie nicht aus, sondern kritisiert sachlich und erhält natürlich eine kostenlose Nachbesserung, weil sie eine gern gesehene Kundin ist.

Muss ich betonen, dass sich die Diva einen guten, erfahrenen Friseur aussucht und nicht in einem Neun-Euro-all-inclusive-Laden landet? »Ich sitze fünfmal im Jahr für mindestens drei Stunden beim Friseur. Da möchte ich die Zeit genießen mit meiner Lieblingszeitung, einem Cappuccino oder einem Prosecco. Für einen zugigen Laden, in dem der Wäschetrockner nebenan rotiert, ist mir meine Zeit zu schade!«, erklärt mir eine Kundin.

Wer sein Auto in die Werkstatt bringt, der weiß, dass man der Werkstatt ausgeliefert ist, weil man nicht beurteilen kann, was dort im Einzelnen passiert. Noch schlimmer, wenn frau mit ihrem Auto auf den Hof fährt. Ihr wird erst recht keinerlei Technikkompetenz zugetraut. Natürlich kennt die Diva ihre Grenzen in dieser Hinsicht genau. »Ich gehe bei anstehenden Reparaturen direkt zum Meister, weil ich Kommunikation auf Augenhöhe möchte, und erkläre sinngemäß: ›Ich vertraue Ihnen, seien Sie fair und beschummeln Sie mich nicht!‹ In der Regel klappt das gut«, so die Erfahrung einer Kundin.

Wo wir gerade bei Autos sind … Ein Wort zum Thema Leasing: Ich fahre geschäftlich einen Leasingwagen, den ich alle drei Jahre zurückgebe und gegen einen neuen Leasingwagen tausche. Als ich das vor Jahren zum ersten Mal machte, war ich schockiert, wie viele Kratzer und Macken gefunden wurden und dass plötzlich ein Schaden von gut 2.000 Euro zu zahlen war. Für nichts und wieder nichts. Das war mir eine Lehre. Heute bestelle ich ein neues Leasingfahrzeug erst, wenn die Rückabwicklung fair erfolgt ist. Denn nun bemüht sich die Verkaufsabteilung sehr, den Schaden (der bei Gebrauch immer da ist) kleinzurechnen. Das spart viel Geld. Allerdings dauert es immer etwa sechs Wochen, bis der neue Wagen kommt – so lange bin ich autofrei. Ich nenne es meine »Autodiät«. Ich muss dann ganz anders planen und auch andere um Hilfe bitten. Eine erfahrungsreiche Zeit – und ein Hochgefühl, wenn ich dann endlich wieder ein Auto habe … »Frau Scheddin, ich darf Sie erinnern, dass Sie die autofreie Zeit nicht nur gut fanden!«, mahnt mich meine Autoverkäuferin jedes Mal. Da hat sie völlig Recht, aber ich habe es in der Zwischenzeit vergessen. Bewusst vergessen. Auf ein Neues!

DIE DIVA ALS PARTNERIN

Um es vorweg zu sagen: ein heikles Thema. Etwa drei Viertel der Diven sind verheiratet oder leben in einer festen Beziehung. Was nicht ganz so einfach ist, denn hier unterscheidet sich die Diva in keinster Weise von ihrer Tante Trude: Sie möchte einfach nur um ihrer selbst willen geliebt werden. Sie hat viele Bewunderer, die aber nur den starken, glänzenden Teil wollen. Zeigt die Diva aber ihre weiche, manchmal sogar ziemlich emotionale oder gar anlehnungsbedürftige Seite, ist Mann gefordert, bisweilen aber leider schlicht überfordert.

Als zielführend hat sich erwiesen (die männlichen Diven übersetzen das bitte für sich), dass sich die Diva genau überlegt und mal ehrlich in sich hineinspürt, was sie eigentlich von einer Liebe erwartet – und da gibt es zwei grundsätzliche Möglichkeiten eines unendlich vielfältigen Spektrums:

a) Wünscht sie sich jemanden, der ihr öffentliches Leben teilt, an dessen Seite sie auch auf dem roten Teppich punkten kann? Dann braucht sie ein »Alpha-Tier«, das genauso gerne arbeitet und erfolgreich ist wie sie selbst. Sie sucht sich also einen *ebenbürtigen Mann*.

b) Wünscht sie sich einen Gegenpart zu ihrem Berufsalltag? Dann braucht sie einen Mann, dem das Zaubern von köstlichen Gerichten und der richtige Wein dazu wichtiger sind als Geld und Karriere. Das heißt nicht, dass ihm Geld und Karriere egal wären, er hat nur ein – sagen wir mal – entspanntes Verhältnis dazu. Hier dürfte also der *Lebenskünstler* gut passen.

Wie definieren diese Frauen »ebenbürtig« bzw. »Lebenskünstler« in Bezug auf den Mann?

Ein ebenbürtiger Mann ist stark, hat feste Ziele und einen eigenen Willen. Er hat einen ähnlichen Ausbildungsgrad wie sie und verdient genauso viel oder mehr. Selbstbewusstsein und Charisma sind vorhanden, und er kann sich alleine so anziehen, dass er passabel aussieht. Ein ebenbürtiger Mann bleibt interessant. Der Preis: Er will Bewunderung, bewundert aber selbst (zu) wenig. Und: Es braucht Kraft, um potenzielle Nebenbuhlerinnen aus dem Feld zu kicken. Sie wird ihn manchmal nur auf dem Bahnsteig sehen, wenn er von einem Businesstermin ankommt und sie gerade abreist.

Ein Lebenskünstler richtet sich ganz und gar nach seiner Frau und hat selten eine eigene Meinung. Wenn doch, dann äußert er sie meist nicht. Seine Ausbildung ist im gesellschaftlichen Ranking eher unter der ihren. Er verhält sich mitunter unreif und richtet sich gerne in seinen Gewohnheiten ein. Aber, und an dieser Stelle ist er so verführerisch und auch wirklich großartig: Er hält ihr den Rücken frei, ist häufig romantisch, zärtlich und hat die Gabe, so richtig stolz auf seine Frau sein zu können. Die Schwachstelle in der Beziehung mit einem Lebenskünstler ist: Nach der Verliebtheitsphase droht Genervtsein. Zudem wollen viele Frauen – ich weiß, das ist unter emanzipierten Frauen ein Tabu – zu ihrem Mann aufschauen. Das aber geht nicht mit einem Lebenskünstler. Doch: Je höher das Divenpotenzial, desto weniger benötigt frau einen Mann mit Status-Upgrade.

Je höher allerdings das Kumpelpotenzial ist, und je mehr die Diva mit sich selbst im Reinen, desto eher findet sie einen Mann. Denn während die Zicke anstrengend ist, die hundertprozentige Diva die Dinge elegant delegiert, macht es der Kumpel einem leicht: Sie ist nicht nur Partnerin, sondern auch Freundin, die immer ein offenes Ohr hat. Sie ist liebenswürdig, selbstlos, verständnisvoll und massiert ihm bei Verspannung gern den Nacken. Beim Umzug steht sie sofort zupackend zur Verfügung und auch sämtliche Geschenke besorgt sie klaglos. Das gefällt den Jungs natürlich gut.

Die Expertin Sabine Kistler rät der Diva: »Dann gibt es natürlich auch noch Lebensfragen zu berücksichtigen wie: Hat sie eher Lust auf Abenteuer oder mehr auf Haus, Hof und Kinder? In ersterem Fall kann man ihr nur ›viel Spaß‹ wünschen und sie dazu anhalten, ein wenig auf sich acht zu geben (siehe Seite 105 *Die Diva als Geliebte*). Im zweiten Fall muss man ihr, der Unwiderstehlichen, Neugierigen dringend raten: ›Augen auf bei der Partnerwahl.‹ Viel zu häufig – und das ist heute leider immer noch so – werden von frisch Verliebten, die gemeinsame Kinder haben möchten, die Fragen nach den Konsequenzen nicht besprochen. Und dann sitzt sie plötzlich ganz undivenmäßig allein mit den Kindern zu Hause, während der Vater der Kinder durch Europa jettet und ein Auto nach dem anderen anschafft. Egal welcher Männertyp, Folgendes geht gar nicht: Geiz, Selbstgefälligkeit, notorische Untreue, krankhafte Eifersucht und Missgunst.«

Sucht die Diva einen Mann, kennt sie die zwei Regeln:

1 Ich muss Zeit investieren.
2 Ich muss mich dort tummeln, wo sich die Jungs der Begierde aufhalten – im Literaturkurs werde ich vergeblich suchen. (Die Anschaffung eines Hundes soll übrigens bei der Partnersuche ungemein helfen, wie mir die »Frauchen« versichern. Beim regelmäßigen Gassigehen kommt man mit anderen Hundebesitzern schnell und harmlos in Kontakt.)

Die Diva sucht ihren Partner nicht, weil es ihrem Image guttut oder weil sie versorgt sein will, sondern weil sie einen Mann an ihrer Seite möchte,

- der sie inspiriert
- mit dem sie reden kann
- mit dem Sex Spaß macht
- mit dem Beziehung ein Kraftquell ist.

Ich erlebe Diven in einer Zweierbeziehung oft als sehr großzügig. Sie schaffen es häufig, ihren Partner so zu belassen, wie er ist. »Mein Mann ist eine Flasche, aber ich liebe ihn!«, so das Originalzitat einer Frau mit zwei Kindern, deren Mann nicht wirklich viel bewegt, den sie mit ernähren muss und der nach gängigen Kriterien nicht das Profil eines »echten Kerls« erfüllt.

Auffällig ist zudem, dass nicht die »Schönen« in guten Beziehungen leben, sondern die »Normalos«, also jene Frauen, die sich jenseits aller Modelmaße selbst mögen und Kompromisse eingehen können. Ein gutes Indiz für funktionierende Beziehungen ist Leidenschaft, denn wo gelacht und gestritten wird, da ist man jenseits von Gleichgültigkeit.

Die Diva als Ehefrau bzw. Langzeitpartnerin unterscheidet von allen anderen Frauen insbesondere, dass sie niemals ihre Selbstständigkeit und Unabhängigkeit aufgibt. »Ich könnte jederzeit gehen, und deshalb bleibe ich gerne bei ihm. Freiwillig!« oder, wie es eine Freundin einmal formulierte: »Schatz, *wenn* ich heiraten würde, würde ich dich heiraten!«

Dieses verbale Statement unterstreicht ihr Auftreten und ihre charismatische Erscheinung:

»Man darf nicht aus purer Faulheit den Partner die Buchhaltung oder Steuergeschichten überlassen! Das ist freiwilliges Einkasteln.«

Die Diva beweist auch zu Hause Stil und kleidet sich gut. Sie lässt sich nicht gehen. Sie würde sich ihm gegenüber weder in Gurkenmaske noch in Lockenwicklern zeigen. Und sie trägt auch keinen Partnerlook. Niemals, auch nicht in Trainingsklamotten.

»Die Diva ist keine Befürworterin des Pärchensports«, erklärt Sabine Kistler, Therapeutin und Expertin für Liebe und Sex. »Jede Diva ist auch als Einzeltäterin unterwegs. Sie hat ein eigenes Leben außerhalb der Beziehung – und eine eigene E-Mail-Adresse. Die Diva ruht in sich selbst. Sie fühlt sich gut und attraktiv in ihrem Körper. Sie beweist ein Gefühl von Weiblichkeit. Sie erzeugt Nähe, kann sich von sich selbst befreien und ganz bei sich sein. Sie hat guten Sex (unabhängig davon, ob sie einen festen Partner hat oder nicht und auch unabhängig davon, wie alt sie ist). Für schlechten ist ihr die Zeit zu schade.

Und last but not least: Sie hat keinen Männerverschleiß!«, erklärt sie weiter. »Das männliche Gegenbild zur Diva ist übrigens der Indianer!«[9]

DIE DIVA ALS GELIEBTE

Männer lieben die Diva. Insbesondere jene, die es im Leben zu etwas gebracht haben. Sie besitzen ein Haus, Autos, ein Motorrad, eine Ferienwohnung, eine Frau, mindestens zwei Kinder. Sie verdienen gutes Geld – aber ständig will jemand etwas von ihnen. Die Mitarbeiter, die Gattin will reisen, renovieren oder shoppen, die Kinder wollen den neuesten Computer, coole Kleidung, Reiten, zur Edelschule. Alle haben Ansprüche.

Da wirkt eine Diva als Geliebte doch wie Balsam für die Seele: »Wie klasse: Sie kommt für sich selbst auf, sie ist alleine lebensfähig und stellt (zunächst!) keine Ansprüche. Sie will nur eins: meine Liebe. Sie freut sich über meine Aufmerksamkeit, ein luxuriöses Wochenende, sie interessiert sich für mich als Person, sie kann genießen. Sie hat ganz andere Interessen als die Gattin zu Hause. Mit ihr sind weder Verwandtschaft, Nachbarn noch die Kinder ein Thema. Herrlich problemlos.«

Die Diva ist unkonventionell und macht es dem Mann einfach. Wenn sie sich treffen, haben beide Zeit, und jedes Treffen ist etwas Besonderes. Der Geliebte verwöhnt seine Herzdame sehr gerne – einfach weil sie es nicht erwartet.

Doch eines Tages stellt die Diva plötzlich fest: Anders als er-

---

9 Interessanter Punkt. Bin gespannt, wann das Männerbuch *Erfolgreich leben mit dem Indianer in dir: fischen, jagen, Friedenspfeife rauchen* auf den Markt kommt.

wartet, möchte sie doch mehr. Eine gemeinsame Zukunft. Und zwar nicht als Zaungast, sondern als Hauptdarstellerin.

Und nun? Entweder heißt es: Das war's – oder die Diva bleibt Geliebte auf Lebenszeit. Und ist mit dieser Entscheidung glücklich.

Egal, ob Lebenspartner, Geliebter oder Ehemann: Eine Diva behandelt den Mann an ihrer Seite niemals als »beste Freundin«. Die kleinen Frauengeheimnisse sind bei den Freundinnen besser aufgehoben.

DIE DIVA ALS SINGLE

»Einsamkeit ist der Weg, auf dem das Schicksal den Menschen zu sich selber führen will.«

Hermann Hesse

Wann ist ein Single eigentlich ein Single? Für das Statistische Bundesamt ist ein allein lebender Mensch ohne Kind ein Single. Dazu zählt ein Viertel aller Frauen. Ich verstehe unter Single einen volljährigen Menschen, der ohne feste Bindung an einen Partner oder eine Partnerin lebt – und das sind immerhin auch noch 20 Prozent der Gesamtbevölkerung.

Singles lassen sich unterscheiden in freiwillige (bewusste) Singles und unfreiwillige Singles. Interessant ist das jeweilige Image: Bewusste Singles gelten als Eigenbrötler, Sonderlinge, aber auch zunehmend als unkonventionell und unbestechlich. Ihre Wirkung: extravagant, eigenwillig, beziehungsunfähig …

Unfreiwillige Singles fühlen sich einsam und wirken traurig, bemüht und nicht komplett. Ihre Wirkung: Sie erzeugen Mitleid.

Ein Single wirkt also im besten Fall selbstständig, freiheitsliebend und unkonventionell und im schlechtesten Fall wie eine »alte Jungfer, die keinen abkriegt«.

Wie alle Menschen sehnt sich auch die Diva nach Wärme, Nähe und Zweisamkeit. Nach einem Menschen, der sie versteht, schützt, der an und auf ihrer Seite ist. Der sowohl zum geistigen Austausch taugt als auch einen guten Liebhaber abgibt. Der ihr Platz zum Atmen lässt, sich selbst beschäftigen kann, aber immer für einen spontanen Sonntagsausflug zu haben ist. Ein treuer, vielleicht sogar gut aussehender, intelligenter Mann mit eigenem Einkommen, Kinderwunsch (wenn sie es selber will), guten Manieren und einem ausgeprägten Sinn für Humor. Und er sollte tanzen und repräsentieren können, schließlich kann die Diva ihre schwulen Freunde nicht jedes Mal in Beschlag nehmen, wenn es in der Einladung zur Business-Veranstaltung heißt: »Wir freuen uns auf Sie und Ihre Begleitung«.

So ein männliches Prachtexemplar gibt es nur selten und wenn, dann will es mit viel Aufwand gefunden und gehalten werden.

Vor ein paar Jahren ließ eine Singleberaterin alle Seminarteilnehmer einen Zeitkuchen malen. »Sie haben wöchentlich (zumindest theoretisch) gut 70 Stunden Zeit, in der Sie nicht arbeiten oder schlafen. Was stellen Sie mit dieser frei verfügbaren Zeit an?« Fleißig wurden Zeitkuchen gemalt. Die einzelnen Stückchen bestanden aus: Putzen, Einkaufen, Sport, Familie, Freunde, Wellness, Fortbildung, Urlaub, Fernsehen … Dann die Frage der Singletrainerin: »Wie viel Zeit haben Sie in die Partnersuche investiert?« Die Antwort: »Null.« Logische Konsequenz: keine Investition, keine Belohnung. Wer sich nicht dort tummelt, wo seine Zielgruppe ist, der wird sein Ziel schwerlich erreichen – und muss auf den Zufall hoffen. Aber selbst der Zufall trifft nur den vorbereiteten Geist.

Das allerdings ist eine plausible Erklärung für den Umstand, dass es Single-Diven überhaupt gibt: Sie hat so interessante Ziele abseits von Liebe, Partnerschaft und Ehe, dass Partnersuche keine Priorität besitzt. Entweder kann sie das Alleinsein gut aushalten, braucht es sogar oder hat einen großen Freundeskreis. Die Single-Diva flirtet leidenschaftlich und verliebt sich gerne. Sie ist beliebt und offen. Sie kann zupacken, wenn sich eine Gelegenheit bietet … Aber das war es dann auch schon. Sie weiß, dass Beziehung »Arbeit« bedeutet und nicht immer ist sie bereit oder kräftemäßig imstande, diese Arbeit zu leisten.

Auch die meisten Single-Diven benutzen heute Online-Dating-Portale. Sie stellen ihr Profil ein, chatten aber nicht lange. Zwei, drei Mails, dann wird entschieden und getroffen oder der Kontakt gekappt.

Die Diva will keinen Mann um jeden Preis. Das ist ihr die Sache nicht wert. Wenn der Preis wäre, nicht alleine entscheiden zu können, ihren Job aufgeben zu müssen, wirtschaftlich abhängig zu sein, ungeliebte Tätigkeiten wie Bügeln zu übernehmen und zur Nur-Gattin abgestempelt zu werden, dann lieber nicht.

Die Diva kann gut einige Jahre oder immer mal wieder ihrem Single-Dasein frönen. Sie fühlt sich auch wertvoll und ganz, wenn sie nicht Teil eines Paares ist. Das eigentlich Spannende: Je glücklicher die Diva als Singlefrau ist, desto schneller findet sie einen Partner.

»Ich bin lieber alleine glücklich als unglücklich in einer Beziehung.«

DIE DIVA ALS FAMILIENMENSCH

In der Familie hat die Diva keine Sonderstellung, ganz gleich, ob sie Direktorin, Managerin, Künstlerin oder Unternehmerin ist. Sie ist schlichtweg ein »Normalo«, der wie alle anderen den Müllbeutel rausbringt: Als Tochter bleibt sie für die Eltern immer ein wenig der kleine Hosenscheißer. Als Schwester ist die Diva Ansporn und Konkurrentin zugleich, die sich bestenfalls auch als Freundin zeigt. Als Mutter wird die Diva »schlicht« als Erzeugerin und Erzieherin gesehen. Der Beruf interessiert nur insofern, ob er genug Zeit für die Familie zulässt.

Als Tochter will auch die Diva erst einmal alles grundsätzlich anders machen als die eigene Mutter – von Kindererziehung bis Mann –, um dann nach Jahren im Erwachsenendasein festzustellen, dass sie der eigenen Mutter sehr viel mehr ähnelt, als sie es je für möglich gehalten hätte.

Die Diva macht sich weitgehend frei von den mütterlichen Vorgaben. Wenn der Mutter Ordnung, Kochkünste und die Meinung anderer Menschen wichtig sind, die Diva aber gerne im Chaos lebt und auf die Meinung anderer pfeift, dann lebt sie das auch, ohne ihre Mutter deshalb weniger zu schätzen. In meiner Familie gelte ich (zu Recht) als unbegabt in Sachen Herd und Haushalt. So backen meine beiden Schwestern sensationelle Kuchen zu Familienfesten, während ich mich maximal zu einem Marmorkuchen aufraffen könnte. Ich kaufe lieber den Kasten Bier und kümmere mich um die Kinder.

Apropos Schwester … Als solche ist die Diva Fluch und Segen zugleich. Von ihren Geschwistern erwartet sie viel und lässt Unselbstständigkeit ebenso wenig durchgehen wie mangelndes Verantwortungsgefühl. »Eine erwachsene Frau, die sich mit ihrem Auto nicht auf die Autobahn traut und keine Karten lesen kann – das geht gar nicht!« oder »Ein erwachsener Mann, der mit 40 noch bei Mama wohnt, ist ein Skandal!«. Die Schwester-Diva kann gut zuhören, Geheimnisse behält sie für sich. Bei Ehekrisen und sonstigen Turbulenzen steht sie wie eine Eins zu ihren Geschwistern und hat – im Falle eines Falles – umgekehrt auch die Sippe hinter sich. Es scheint, dass sich Divengene vererben. Eine Frau mit einer Diva als Mutter oder Vater bekommt das Divenpotenzial in die Wiege gelegt. Spontan fallen mir dazu die Hagens ein: Cosma Shiva, Nina und Eva-Maria Hagen. Oder Mariele Millowitsch, die Tochter des berühmten Schauspielers Willy Millowitsch.

Divenmütter sind keine Glucken, sehen sich aber auch nicht als Schwester der eigenen Kinder. Sie zeichnet aus, dass sie sich fast genauso wichtig nehmen wie ihre Kinder, denn sie haben verstanden, dass nur eine entspannte, mit sich und dem Leben zufriedene Mutter eine gute Mutter sein kann. Darum nehmen Divenmütter auch ohne schlechtes Gewissen Kindererziehungshilfen in Anspruch: Mutter, Schwiegermutter, Ersatzomi, Au-pair-Mädchen, Babysitter. Ihr Erziehungsprinzip: strenge Güte. Sie haben keine Lust auf ellenlange Diskussionen, wenn es darum geht, das Kinderzimmer aufzuräumen. Dann ist ein klipp und klares Basta angesagt. Auf diese Weise schaffen sie den Raum, um die Kinderzeit zu genießen.

Beeindruckend fand ich folgendes Alltagsbeispiel: Meine Freundin Anke ist mit ihrer vierjährigen Tochter Lilly auf dem Weg zur ca. 500 Meter entfernten Pferdekoppel. Die Kleine geht kreuz und quer, fünf Meter vor und vier wieder zurück. Jeder Käfer und jede Blume will einzeln begrüßt und bestaunt werden. »Komm, Lilly!«, motiviert Anke ihre Tochter, stets das Ziel vor Augen, bis ihr plötzlich bewusst wird, was sie da gerade tut. Wie wichtig ist es denn, das Ziel zu erreichen? In diesem Fall doch völlig unwichtig. Der Weg, der Augenblick sind interessant – und dass ihre Tochter sich an all diesen kleinen Dingen freut. Da ist sie, die Diva: Sie kann Zeit genießen, ganz im Hier und Jetzt sein. Wenn sie mit ihren Kindern Mensch-ärgere-Dich-nicht spielt, dann spielt sie und ist nicht in Gedanken beim Budgetplan.

Bedeutsam ist, dass Diven sich nicht nur in biologischer Hinsicht als Mutter fühlen können. Sie sehen ihre generative Potenz auch in anderer Form bestätigt: indem sie eine Firma gründen, Kunst schaffen oder Gutes tun. Die Diva macht ihre und die Weiblichkeit anderer Frauen nicht davon abhängig, ob ein eigenes Menschenkind auf die Welt gebracht wurde.

Als Tante, insbesondere als Patentante, punktet die Diva vor allem mit ihrer Unkonventionalität. Ein Beispiel aus meinem eigenen Tantenleben: Meine damals zwölfjährige Nichte Larissa war bei mir zu Besuch. Während ihres Aufenthalts hatte ich einen Friseurtermin. Es ging nicht anders, sie musste mitkommen. Allerdings brauchte sie keine neue Frisur. Was sie viel mehr reizte waren bunt gefärbte Augenbrauen. »Monika, du kennst doch Marusha, oder? Na, die Techno-Sängerin« – Aha!? Nach Marushas Vorbild wollte sie nun ihre Augenbrauen färben lassen, allerdings nicht grün, sondern blau. Ich fand das originell, und so nahm sie auf dem Frisierstuhl neben mir Platz. Aus irgendwelchen Gründen wurde aus dem geplanten blau dann zwar doch grün und es sah ein wenig komisch aus. Aber wir fanden es lustig. Meine Schwester weniger. Sie hat drei Wochen lang kein Wort mit mir gesprochen.

Kinder stellen oft die richtigen Fragen

Ich gehe mit der fünfjährigen Larissa spazieren und wir kommen an einer alten Frau vorbei, die gerade eine Gedenkstätte mit einem großen Kreuz pflegt.
»Was machst du da?«, fragt Larissa die Frau. »Ich mache das Grab vom Jesuskind hübsch«, erwidert diese.
»Das Jesuskind?«, fragt Larissa ungläubig.
»Ja, das Jesuskind ist hier begraben«, erklärt die alte Frau.
Larissa ist zutiefst verwundert: »Bei uns hier in Kleve?«

Kinder lieben an ihren Divenmuttis, -tanten und -omis auch deren ausgeprägten Gerechtigkeitssinn: Wenn Karla der Führerschein bezahlt wurde, dann wird er auch Regine bezahlt. Wird allerdings vereinbart, dass der Führerschein nur finanziert wird, wenn das Kind nicht raucht, und es pafft doch, dann ist die Diva auch in diesem Fall konsequent – und der Führerschein ist futsch (obwohl ihr insgeheim das Herz blutet).

Ähnlich hoch bewerten Kinder, dass die Diva Versprechen hält. Wenn für den London-Trip *Madame Tussauds* eingeplant war, dann hält die Diva ihr Versprechen, auch wenn das bedeutet, nach ungeplant langem Schlangestehen durch die Ausstellung zu huschen und anschließend statt mit dem Zug mit dem sündhaft teuren Taxi zum Flughafen fahren zu müssen.

Eine Diven-Macke, die Kids belächeln, aber tolerieren: Etiketteschulung. Weinglas nur am Stiel anfassen, nichts Schlechtes über andere Menschen sagen (»Ich fand den Vortrag langweilig!« oder »Guck mal, die Frau hat einen Damenbart!«), höflich und freundlich sein und zuhören. Jeder Etikette-Fauxpas wird von der Diva im Nachhinein liebevoll, aber bestimmt korrigiert.

Was Kinder an den Diven in der Familie sehr genießen, ist, dass diese an sie glauben. Dass sie ihnen das Gefühl geben, etwas Besonderes zu sein. Dass irgendein individuelles Talent in ihnen schlummert – weshalb es auch immer Hoffnung gibt, egal, ob die Schulnoten mal absacken, sie eine Ehrenrunde drehen müssen oder aktuell kein Ausbildungsplatz in Sicht ist.

Der etwas andere Junge

Der Junge war von Geburt an anders. Als Baby mickrig. Als Kind scheu. Er hatte Angst vor dem Kaminfeuer. Er konnte weder Roller fahren noch den Ball fangen, als Gleichaltrige das längst konnten. Von Fahrrad fahren ganz zu schweigen. »Motorische Störungen« und »lernbehindert« bescheinigten die Fachleute. Und tatsächlich lernte der Junge nie richtig lesen und schreiben. Die Familie war besorgt.

»Er wird nie ein normales Leben führen können«, sagten die, die es wissen mussten, und empfahlen nach der Sonderschule eine Werkstatt für Behinderte.

Der Junge bekam noch zwei Geschwister, beide hübsche und kluge Jungs. Wann immer seine hübschen, klugen Brüder Kummer und Sorgen hatten, weinten sie sich bei ihm aus. Bei ihm fühlten sie sich verstanden und geborgen. Kaum hatte sich die Familie einen Hund angeschafft, hatte niemand wirklich Lust, sich um das Tier zu kümmern – bis auf einen. Regelmäßig und selbstverständlich ging der »andere Junge« mit dem Hund spazieren.

Auf einem dieser Ausflüge fragte der Junge einfach in einer Bäckerei, ob er dort backen lernen könne. Der Bäckermeister war verwundert, gab dem Jungen aber eine Chance. Und da dieser immer zuverlässig und gut gelaunt seinen Job machte, störte es auch niemanden in dem Bäcker-Team, dass der Junge langsamer war und die Dinge etwas später begriff. Er war ein liebenswürdiger und tüchtiger Mitarbeiter, weshalb sich der Meister für ihn einsetzte. Und zur Verblüffung aller lernte der Junge schließlich so viel Schreiben und Lesen, wie für seinen Beruf nötig. Aus dem anderen Jungen wurde ein besonderer Junge – der täglich gut gelaunt mit dem Fahrrad zur Arbeit fährt.

Dass die Diva unkonventionell ist und lebt wissen wir bereits. Auch in der Familie tut sie einfach nicht, was man so tut: Sie kommt zu Einladungen auch mal ohne Geschenk (schließlich ist eine Familienfeier kein Geschäftstermin), bringt dann aber eine Eisbombe mit, wenn es keiner erwartet. Mal haben ihre Geschenke »nur« einen ideellen Wert, mal sind sie Luxus pur – »weil es halt gerade so passte«.

Die Diva kommt vielleicht nicht zu Onkel Egons 73. Geburtstag – aber bei der Einschulung des Patenkindes kann man mit ihr rechnen.

Die Familiendiva ist insgesamt liebevoll, sensibel (manchmal von einer rauen Schale umhüllt), überraschend, lässig, großzügig und beizeiten etwas anstrengend. Routineschnickschnack und unsinnige Rituale kann sie hervorragend ignorieren. Die Diva eignet sich wunderbar als Störenfried. Wenn es aber drauf ankommt, lässt sie alles andere stehen und liegen, um ihre Familie zu unterstützen.

DIE DIVA ALS SPORTLERIN

Die Diva ist bewegungsfreudig – aber sie hasst Sport.

Vernunftssport mit hoher Überwindungsenergie empfindet sie als Zeitverschwendung. Sie ist erklärte Anhängerin des Alltagssports: X-fach rennt sie in den Keller – gerne für jede Wasserflasche einzeln, wenn es ihr einfällt. Sie marschiert längere Strecken zum Konto-Auszugsdrucker, Altglascontainer oder zum Einkaufen.

Viele Diven, die ich kenne, fahren täglich mit dem Fahrrad zur Arbeit. Bei Wind und Wetter. Meine Freundin Christiane, PR-Managerin, fährt selbst mitten im Winter in Abendkleid, Mantel und Sandalen auf ihrem Rad zu Gala-Events und zurück. Sie ist so abgehärtet, dass ich sie noch nie mit einer Erkältung erlebt habe.

Auch Tanzen ist ein Divensport, einfach weil er Spaß macht. Golfen, weil es Zielorientierung und Demut trainiert und zudem gesellig ist. Und Yoga, weil man sich dabei so gut entspannen kann.

Wer beruflich sehr **aktiv** *ist, kann in sportlicher Hinsicht auf* **Ehrgeiz** *verzichten.*

In Deutschland ist Spaß allein für die meisten Sportveranstalter zu wenig. Strenge Regeln müssen her. Mein Lieblingsbeispiel: das Platzreife-Zertifikat als Voraussetzung, um überhaupt auf den Golfplatz zu dürfen. Hat man dies, bleibt einem immer noch der Zutritt zu bestimmten Golfplätzen verwehrt, bevor man sich nicht ein gutes Handicap erarbeitet hat. Also heißt's Golfturniere spielen, und zwar erfolgreich. Dafür muss man wiederum Mitglied in einem Golfclub sein und eifrig trainieren …

Neulich hatten wir ein internes Turnier. Für die meisten der zehn Damen war es das erste. Ziel war natürlich, das Handicap zu verbessern. Dabei wurde gezählt, die eine für die andere. Was mich äußerst verblüffte: wie superernst das Zählen genommen wurde. Kein Pünktchen wurde verschenkt. Und so hat sich letztlich nur eine von uns verbessert. Dabei wäre es ein Leichtes gewesen, das Spiel großzügig auszulegen und dem Handicap 36 einen ansehnlichen Schritt näher zu kommen (zumal Handicap 36 bei vielen Platzreifekursen von Haus aus eingetragen wird). Hier ging es also nicht um Schummeln, sondern um »kreatives« Augezudrücken und Chanceneröffnen, ohne dass irgendein Schaden entsteht. Die Diva hätte die Dinge nicht so bierernst und sich stattdessen ihre Chancen genommen.

DIE DIVA ALS KÜNSTLERIN

»Schatten werfen keine Schatten« fällt mir zu diesem Kapitel als Allererstes ein. Die Diva lässt sich inspirieren, aber sie kopiert nicht. Egal, ob sie Wortkünstlerin oder Gestalterin ist, sie findet etwas ganz Eigenes und bleibt bei sich. Wenn sie von ihrer Kunst leben will, öffnet sie sich Vermarktungsstrategien und findet Wege und Möglichkeiten, gutes Geld zu verdienen. Wenn sie Kunst nur zu ihrem Vergnügen macht, ist es ihr mal wieder schnurz, was andere denken.

Spannend zu beobachten, wie viele selbsternannte Amateur-Künstler meinen mitreden zu können. Wichtigste Aussage: »Ich schreibe ja auch«, »Ich male ja auch seit Jahren« – oder noch besser: »Das ist ja alles für mich nichts Neues«, »Ihre Werke inspirieren mich dazu, die alten Texte, die ich schon 1980 begonnen habe, mal wieder aus dem Keller zu holen …«

Die Diva lächelt freundlich und denkt sich ihren Teil … Bewundernswert. Denn wie nachvollziehbar wäre es doch, wenn ihre Antwort lautete: »Entschuldigen Sie, aber wenn Sie schon so weit sind, wieso haben Sie bisher noch kein Buch veröffentlicht/keine Galerie gefunden?«

Ein wunderbares Divenbeispiel ist die Kabarettistin Sissi Perlinger. Durch sie ist mir klar geworden, wie klug Menschen sein müssen, um andere Menschen unterhalten zu können! Denn bevor jemand witzig sein kann, muss er erst einmal die Gabe besitzen, den Witz als solchen zu erkennen. Das setzt eine sehr gute Wahrnehmung und einen Scharfblick verbunden mit brillanter Formulierungskunst voraus, aber auch die Kunst, Pausen machen und abwarten zu können.

Lebenselixier des Künstlers wie der Diven-künstlerin ist Neugier: offen sein und bleiben und unbedingt dazulernen zu wollen.

Obwohl die Diva im Allgemeinen 30 Jahre und älter ist, gibt es gerade bei Künstlerinnen Ausnahmen. Zum Beispiel Lena Meyer-Landrut. Sie ist 17 Jahre alt, als sie sich bei Stefan Raabs Casting zum *Eurovision Song Contest* bewirbt und prompt gewinnt. Sie nimmt kein Gesangstraining und hat keine bewusste Atemtechnik. Sie singt einfach, wie sie will. Allerdings hat sie ein gutes Gespür für besondere Lieder und Texte. Sie kommt auf die Bühne und elektrisiert. Sie hat's: präsent, klug, offen, emotional und ein bisschen verrückt. Sie findet einen ganz eigenen Zugang zum Publikum. Sie berührt die Menschen. Von Show zu Show gewinnt sie und darf Deutschland schließlich im Mai 2010 in Oslo vertreten. Die Branche lästert über ihre Stimme, über ihren englischen Dialekt, über ihren unbeholfenen Tanzstil. Man gibt ihr keine nennenswerten Chancen. Doch Lena Meyer-Landrut berührt auch ganz Europa mit ihrer Natürlichkeit und ihrem unvergleichlichen Charme. Das ist Diva pur: Lena hat nichts von ihrem Privatleben preisgeben müssen, sie hat sich nicht von Profis verbiegen lassen, sie hat einfach ihr Ding gemacht und damit überzeugt.

DIE DIVA ALS ICH-MENSCH

Allein das Wort »Egoist« klingt ja schon völlig unsympathisch: Schnell wird »unanständig selbstsüchtig« assoziiert, während die andere Wortbedeutung, nämlich »Eigenliebe«, häufig unter den Tisch fällt. Die Diva hat aber gelernt: Wenn ich mich nicht gut behandele, schütze und abgrenze, habe ich auf Dauer überhaupt keine Kraft, gut zu anderen zu sein. Wer den Egoisten in sich nicht gedeihen lässt, wird ständig Ja sagen und immer auf alles Lust haben. Den stört weder laute Musik noch Schweißgeruch und Schnorrer haben ihn in ihr Herz geschlossen.

> Für die Diva ist es lebenswichtig, ein sicheres Gespür dafür zu entwickeln, was sie will und was nicht, was ihr guttut und was nicht – um dann dazu zu stehen und danach zu handeln.

Wenn der mp3-Player des Sitznachbarn in der U-Bahn ohrenbetäubend laut ist, dann unternimmt die Diva etwas dagegen. Aber nicht mit einem zickigen »Geht's noch lauter?!«, denn das ist ein Satz mit eingebautem Lehrauftrag, der das Gegenüber motiviert. Entsprechend die Reaktion: »Klar geht's noch lauter!« Die Diva hingegen bittet: »Wären Sie so freundlich, Ihren mp3-Player leiser zu machen?« Sie ist freundlich, schaut ihrem Gegenüber in die Augen und lächelt. Die innere Haltung (»Ein Nein ist okay«) sorgt dafür, dass sie auch mit einer Ablehnung klarkäme. Doch die bekommt sie eigentlich nie.

Anderes Beispiel in Sachen Krach: Die Nachbarn von unten feiern eine Party. Wahnsinnsgetöse bis weit nach Mitternacht. Anne geht nach unten und bittet darum, die Musik leiser zu stellen, sie müsse morgen früh aufstehen. »Kein Problem!«, versichert der Nachbar, ändert aber nichts. Eine halbe Stunde später startet Anne einen neuen Versuch. Wieder freundlich, wenn auch energischer. Gleiches Ergebnis. Sie probiert es noch ein drittes Mal ohne Erfolg, bevor sie die Polizei anruft. Dann ist Ruhe. »Ich hätte mit gewünscht, dass es auch ohne Polizei geht. Aber zur Not muss man sich auch etwas trauen«, sagt Anne selbstbewusst.

Auch die eine oder andere Macke gehört für den Ich-Menschen Diva dazu. Frei nach dem Motto »Macken gönne ich mir« isst die eine nichts Tierisches (auch keine Gummibärchen wegen der Gelatine), die andere nur Vollkorn, die nächste fasst kein Kupfergeld an, eine andere cremt sich ständig die Hände ein. Darauf angesprochen, grinst die Diva nur und ändert nichts. Es sei denn, es nervt und engt ein. Dann arbeitet sie daran. Aber nur dann. Manch eine Macke wird sogar zur Marke, z.B. immer ein rotes Outfit tragen oder eine Haarsträhne stets passend zur Kleidung färben. Wir kennen zahlreiche Beispiele: wieder Sissi Perlinger, Nina Hagen, die Grünen-Politikerin Claudia Roth.

Wenn wir schon beim »Anderssein« sind: Auch bewusst Grenzen zu ziehen ist – gerade für Frauendiven – ein Riesenthema. Unaufrichtige Menschen und solche, die meinen, ein Geburtsrecht auf Aufmerksamkeit zu haben, die kann die Diva galant abkanzeln. Menschen, die sie langweilen, stressen, nerven oder als Kummerkasten missbrauchen, trifft sie niemals freiwillig. Dafür widmet sie lieber Freunden in Not und der Familie großzügig ihre Zeit. Sie hat für sich bestimmte Regeln gefunden. Karen: »Auf *XING* vernetze ich mich weder mit Menschen, die ich nicht kenne, noch mit denen, die bereits mehrere tausend Kontakte ihr Eigen nennen. Ich will doch nicht zum Beutetier mutieren.«

DIE DIVA ALS SENIORIN

Die Diva als Seniorin denkt gar nicht daran, alt zu werden. Sie genießt das Leben, kümmert sich um das eine oder andere kleine Zipperlein, ohne es zum Hauptthema bei Stehempfängen zu machen. Die Selbstständigen arbeiten weiter, allerdings deutlich weniger und mit umso mehr Freude. Die Angestellten weiten ihr Hobby aus, steigen tiefer ins Ehrenamt ein oder wagen Neues. Sie reisen mehr und individueller.

Apropos Reisen: Im Zug fragte mich mal eine 80-Jährige, wo sie denn »E-Mail lernen könnte«. Ihr Sohn habe ihr gerade einen Laptop geschenkt.

Neulich rief mich eine Dame an, die ein Portrait über mich in der Zeitung gelesen hatte. »Ich will auch so erfolgreich werden wie Sie!«, ließ sie mich sofort voller Bewunderung wissen. Doch am Ende unseres Gesprächs war die Bewunderung ganz auf meiner Seite. Mit 40 Jahren begann sie zu studieren, mit 50 promovierte sie und veröffentlichte anschließend etliche erfolgreiche Bücher, die in diverse Sprachen übersetzt und zum Teil verfilmt wurden. Sie erhielt ein österreichisches Ehrenkreuz und ein deutsches Verdienstkreuz und und und – und jetzt will Dr. Martha Schad durchstarten. Sie ist 71 Jahre »alt« und zweifelsohne eine Diva.

Im Zuge eines Job-Interviews wurde ich einmal gefragt, wann Frauen zu alt für berufliche Ziele seien. Meine Antwort: Manche Frauen sind schon mit 30 alt, weil sie alt denken und nichts Neues mehr an sich heranlassen. Sie haben Mann, Kind und ein Häuschen, aus dem sie nur noch aufgrund von Tod oder Scheidung ausziehen werden. Und andere sind mit über 70 noch jung genug, um tausend neue Dinge auf die Beine zu stellen.

Jetzt haben Sie einiges über die Werte und Haltungen der Diva gelesen und die Diva in verschiedenen Rollen erlebt. Wenn Sie Appetit bekommen haben und Ihren eigenen Divenanteil erblühen lassen wollen, können Sie eigentlich gleich anfangen. Den entsprechenden »Diventrainingsplan« serviere ich Ihnen im nächsten Kapitel. Doch denken Sie daran: Es geht nicht darum, eine 100-Prozent-Diva zu werden. Das wäre schlicht unerträglich – für Sie und Ihre Umwelt. And now: Join the party!

Die Zauberformel lautet: 10 Prozent Zicke, 30 Prozent Kumpel, 60 Prozent Diva. Nicht mehr Diva, aber Ihnen und Ihren Mitmenschen zuliebe auch nicht weniger.

4

Das Diventraining – Wecke die DIVA in dir!

Ein gemeinsames Training ist schon etwas sehr Persönliches. Damit auch wir in einer möglichst vertrauensvollen Atmosphäre zusammenarbeiten, möchte ich Ihnen hiermit offiziell das »Du« anbieten.[10]

So, und jetzt geht's los mit dem Training …

Bei aller Liebe zur Diva: 100 Prozent Diva sind weder realistisch noch wären sie auszuhalten. Wie gesagt: Auf die Mischung kommt es an. 10:30:60. Quasi als geistig-emotionale Konfektionsgröße und die neuen Traummaße.

10 Prozent Zicke, 30 Prozent Kumpel, 60 Prozent Diva. Es geht also darum, den Divenanteil in dir zu erhöhen. Warum?

› Weil man sein Ding mit Leidenschaft durchziehen kann.
› Weil man nicht betteln muss, sondern eine faszinierende Anziehungskraft entwickelt.
› Man nimmt dich ernst.
› Man belästigt dich nicht mit Unsinn.
› Diven speist man nicht mit Peanuts ab.
› Weil es unglaublich zufrieden macht.

10 Bitte erinnere mich daran, wenn wir uns treffen und ich dich aus Versehen siezen sollte.

1. EINSICHT: DIE WICHTIGSTE PERSON IN DEINEM LEBEN BIST DU

Grundvoraussetzung für ein Divenleben: Behandele dich gut. Denn geht es dir nicht gut, kannst du auch nicht gut zu anderen sein. Wenn du nicht entspannt bist, hast du einfach nicht genügend Kraft, um gelassen mit Mitarbeitern umzugehen, um angemessen auf deine Kinder einzugehen, um über die kleinen Macken deines Partners hinwegzusehen oder dem Nörgeln des Nachbarn mit Humor zu begegnen.

Entspannung bringt Handlungsspielraum.

Also: Schlafe ausreichend, bewege dich regelmäßig und mit Freude, gönne dir gutes Essen und genieße das Leben. Der schlaue, entspannte Umgang mit Zeit ist ein wesentliches Kriterium.

Wenn du Zeit für irgendetwas Neues aufbringen willst, musst du Platz dafür schaffen und irgendetwas anderes lassen. Du hast ein Ziel? Dann brauchst du Zeit, um es zu verfolgen. Konsequent. Schritt für Schritt. Du brauchst Zeit, um dich auszuprobieren und deine eigene Strategie zu entwickeln.

Das mit den Zielen ist gar nicht so schwer. Jeder weiß prinzipiell, wie man sie setzen und erreichen kann. In den folgenden Abschnitten gibt es einige Tipps dazu.[11] Wer sich eine grundsätzliche Verhaltensänderung vorgenommen hat, zum Beispiel dreimal die Woche Sport oder Verzicht auf Süßigkeiten und Junk Food,

---

11 Siehe auch meinen Blog unter www.scheddin.com

braucht dafür 1.000 Tage (also ungefähr drei Jahre) Zeit. Denn langfristige Verhaltensänderungen wollen genau wie eine Sportart und ein Musikinstrument trainiert werden. Das Wunschgewicht ist vielleicht in einem Dreivierteljahr erreicht, das endgültige Lernprogramm inklusive Kurskorrekturen braucht allerdings mehr Zeit. Nimm sie dir, damit du dem berühmt-berüchtigten Jojo-Effekt ein Schnippchen schlägst. Erst wenn sich die Routine einstellt, ist die Gefahr, auf Null zurückzufallen, gebannt und ein »Ausrutscher« kein Beinbruch.

Um neue Routinen zu etablieren, ist ein intensives 100-Tage-Training nötig – und danach: 1.000 Tage diszipliniert dranbleiben. Die wenigsten Menschen nehmen sich diese Zeit – und das ist tatsächlich der einzige Grund, weshalb sie ihre Ziele nicht dauerhaft erreichen.

Motivation →	Start →	am Ziel, aber fragil →	nach 1.000 Tagen
↓ Entscheidung	100 Tage Training	dranbleiben, Kurskorrekturen, Erfolge und Rückschritte	am Ziel und zwar stabil!
↓ Plan	neue Routinen etablieren	das eigene Ding finden	

Erstelle doch einmal eine Liste mit Wünschen und Dingen, die du ausprobieren willst, mit Ideen, die dich inspirieren. Wenn es dir schwerfällt, überlege dir: »Gibt es etwas, was ich auf gar keinen Fall will?« Prima, dann höre nicht auf beim »So nicht!«, sondern definiere dein persönliches »Was stattdessen?« – und schon bist du auf deiner persönlichen Divenspur.

Ab sofort solltest du jeden Tag eine Sache von dieser Liste ausprobieren. Das, was dir behagt und zu dir passt, behältst du bei, was nicht deins ist, lässt du bleiben. Aber nicht mogeln! Erst ernsthaft ausprobieren … Und bloß keine Feigheit vor dem Feind.

Erstelle anschließend deine *Top-10-Liste* sowie einen Wochenplan und praktiziere täglich dein persönliches Divenprogramm.

Veränderungen brauchen Zeit.

Das Loch in der Straße

1. Ich gehe die Straße entlang.
Da ist ein tiefes Loch im Gehsteig.
Ich falle hinein.
Ich bin verloren … Ich bin ohne Hoffnung.
Es ist nicht meine Schuld.
Es dauert endlos, wieder herauszukommen.

2. Ich gehe dieselbe Straße entlang.
Da ist ein tiefes Loch im Gehsteig.
Ich tue so, als sähe ich es nicht.
Ich falle wieder hinein.
Ich kann nicht glauben, schon wieder am selben Ort zu sein.
Aber es ist nicht meine Schuld.
Immer dauert es noch sehr lange, herauszukommen.

3. Ich gehe dieselbe Straße entlang.
Da ist ein tiefes Loch im Gehsteig.
Ich sehe es.

Ich falle immer noch hinein … aus Gewohnheit.
Meine Augen sind offen.
Ich weiß, wo ich bin.
Es ist meine eigene Schuld.
Ich komme sofort heraus.

4. Ich gehe dieselbe Straße entlang.
Da ist ein tiefes Loch im Gehsteig.
Ich gehe darum herum.

5. Ich gehe eine andere Straße.

Sein Verhalten zu ändern gehört zu den schwersten aller Veränderungen. Dieser Text bringt es wunderbar auf den Punkt: Solange ich Mama, dem Ex-Gatten oder meinem Chef die Schuld für mein Nichtvorwärtskommen gebe, bin ich hübsch beschäftigt. Allerdings nur mit dem Problem. Lösungen sieht man jedoch nur, wenn man Verantwortung für sein Leben übernimmt. Ein Kollege sagt seinen Kunden häufig: »Es ist nie zu spät, eine schöne Kindheit gehabt zu haben!« Die Schuldfrage ist also völlig unerheblich. Wenn du schuldlos eine Katze überfährst, ist die Katze tot. Und es dürfte der Katze egal sein, ob sie selbst schuld war. Gewohnheiten und Routinehandlungen sind oft sinnvoll, weil wir nicht über jedes Detail neu nachdenken müssen. Den Weg zur Arbeit kennen wir in- und auswendig und auch übers Zähneputzen müssen wir nicht mehr nachdenken. Doch wehe, wenn wir neue Routinen einführen wollen, dann merken wir erst, wie anspruchsvoll das ist. Vor allem, wenn wir dafür alte Routinen auflösen müssen, z. B.: die abendlichen Salzstangen und das Bierchen beim Fernsehen oder Ähnliches.

2. FANG AN!

Was auch immer du dir vorgenommen hast, tu jetzt den ersten Schritt. Ich kenne das gut: Du lauschst einem Vortrag und bist total begeistert, schreibst mit, bist voll motiviert und beschließt, dein Leben komplett zu verändern. Die Unterlagen kommen auf den Schreibtisch, um sie später zu bearbeiten … Aber schon hat dich der Alltag wieder – und der Elan ist futsch. Du hast zwar das Gefühl, etwas dazugelernt zu haben. Aber gewusst ist noch lange nicht umgesetzt. Es muss auch nicht alles umgesetzt werden, aber das, was dir wichtig ist, unbedingt!

Sieh nicht permanent auf den Berggipfel, sondern schau dir die Etappen an.

»Wow, was du alles machst!«, höre ich häufig. Und manchmal frage ich mich, ob ich nicht übermotiviert und streberhaft rüberkomme. Als würde ich Tag und Nacht nur arbeiten. Dem ist allerdings bei Weitem nicht so. Ein Beispiel: Ich hatte schon lange die grobe Idee, einen Kalender zu produzieren. Welchen? Wie und wann genau? Keine Ahnung. Das war mir in diesem ersten Stadium auch nicht wirklich wichtig. Dann habe ich einfach mal begonnen, gute Sprüche zu sammeln und zu archivieren. Und nach einigen Jahren war es nur noch ein Klacks, daraus einen Kalender zu produzieren. Ich glaube, ich hätte sogar genügend Sprüche für die nächsten zehn Jahre. Außerdem schreibe ich regelmäßig für meinen Blog. Und wieder: »Wie schaffst du das alles nur?« Eigentlich ganz einfach; ich beobachte gut und schreibe Geschichten, die ich erlebe, sofort auf. Nur grob skizziert, aber eben sofort. Praktischerweise ist Alltag für mich pure Inspiration. Wenn mir ein junger Mann im Bus seinen Platz anbietet, bin ich nicht nur geschockt, sondern habe Stoff für meine Kolumne. Ich habe nicht den Anspruch, meinen Blog täglich zu füttern. Einmal pro Woche reicht. Ein Ritual hilft mir dabei: Montags 10 Uhr, was ich auch meistens schaffe.

Also: Runter mit dem lähmenden Anspruch! Wenn du singen willst, dann singe mit Leidenschaft und gerne falsch.

*Du musst nicht **perfekt** sein, und es muss auch nicht jedem **gefallen**.*

Ich kenne so viele Menschen, die von sich erwarten, Weltliteratur zu Papier zu bringen. Etwas Einmaliges, noch nie Gedachtes. Schwerer Tobak. Meine Devise dagegen lautet: Lieber unvollkommen begonnen, als perfekt gezögert.

In dem Augenblick,
in dem man sich endgültig einer Aufgabe verschreibt,
bewegt sich die Vorsehung auch.
Alle möglichen Dinge, die sonst nie geschehen wären,
geschehen,
um einem zu helfen.
Ein ganzer Strom von Ereignissen wird in Gang gesetzt
durch die Entscheidung,
und er sorgt zu den eigenen Gunsten für zahlreiche unvorhergesehene Zufälle,
Begegnungen und materielle Hilfen,
die sich kein Mensch vorher je so erträumt haben könnte.
Was immer du kannst, beginne es.
Kühnheit trägt Genius, Macht und Magie.
Beginne jetzt.
Johann Wolfgang v. Goethe

3. FACE THE BEAST

Erkenne deine Schwächen und sei nett zu ihne

Sobald du weißt, dass du zuweilen ungerecht, bösartig, beleidigt oder bockig bist, dass du dich manchmal einsam oder unzufrieden fühlst, bist du all denen einen großen Schritt voraus, die ihre Schwächen noch nicht einmal kennen und ihre Gefühle nicht einsortieren können. Bewusstheit ist ein Werkzeug. Nur an dem, was uns bewusst ist, können wir arbeiten – oder versuchen, uns damit zu arrangieren.

Begegnung mit einer Rednerin: Sie ist eine überaus kluge Frau, und ich hatte mich schon sehr auf ihren Vortrag gefreut. Live stellte sich die Dame allerdings als – na, sagen wir mal – pingelig heraus. Es dauerte, bis der Seminarraum nach ihren Wünschen aufgebaut und das richtige Mineralwasser gefunden war. 40 Teilnehmer hatten sich eingefunden, um dem Vortrag zu lauschen. Gleich zu Beginn stellte sie klar: »Ich habe keine laute Stimme, bitte Sie also um absolute Ruhe. Außerdem werde ich mir immer wieder Pausen erlauben. Diese brauche ich, um zu denken. Machen Sie sich keine Gedanken, ich fange dann irgendwann wieder an zu sprechen«. Sprach's und setzte sich hin. Hinsetzen als Vortragsrednerin? Eigentlich ein absolutes Tabu. Zudem war sie alles andere als eine brillante Rednerin … Aber: Sie kannte ihre Schwächen – und machte aus einer Not eine Tugend.

Ich weiß zum Beispiel, dass ich vermutlich wesentlich kompetenter wirken würde, wenn ich schlank und athletisch wäre. Bin ich aber nicht. Denn wie alle in unserer Familie bin ich genetisch auf Überleben programmiert. Aus mir würde also niemals eine Elfe. Muss auch nicht sein. Entscheidend ist das Wohlfühlgewicht. Und das gilt auch im übertragenen Sinne: Fühl dich wohl mit all deinen Schwächen, dann hast du auch die Energie, gleichzeitig an dir zu arbeiten. Aber immer im Rahmen deiner Möglichkeiten. Unrealistische Ziele halte ich nämlich für bescheuert (Pardon!). All die Kraft, die ich für eine Elfenfigur aufbringen müsste, kann ich woanders viel gewinnbringender einsetzen. Abgesehen davon, dass uns unsere Mitmenschen noch einmal ganz anders wahrnehmen. Gutes Beispiel: der Kabarettist Bernd Stelter. Ich mag ihn und seinen Humor sehr. Im vergangenen Jahr hat er fast 30 Kilo abgenommen. Schätze ich ihn jetzt mehr? Nein, im Gegenteil. Als Moppel wirkte er menschlicher und im wahrsten Sinne des Wortes gewichtiger.

4. MACH DOCH, WAS DU WILLST – UND WERDE UNVERSCHÄMT ERFOLGREICH!

Wer sich Wünsche erfüllen und Ziele erreichen will, dem hilft vielleicht meine Coaching-Struktur: Ich will – ich kann – ich brauche.

Denn nur das, was du gerne tust, kannst du dauerhaft gut tun und damit erfolgreich sein.

Auf der Suche nach einem neuen Job oder bei den Überlegungen zur Selbstständigkeit stellen sich viele die Frage »Was kann ich denn eigentlich?«, »Womit kann ich Geld verdienen?« Das reine Konzentrieren auf die Kompetenzen ist jedoch eine hübsche Formel für Misserfolg: Ich kann Auto fahren, Fahrtenbuch führen, meine Buchhaltung erledigen, bügeln und putzen. All das und noch viel mehr kann ich. Sollte ich damit jedoch Geld verdienen müssen, könnte ich wegen fehlender Leidenschaft und des miesepetrigen Gesichtsausdrucks nicht wirklich überzeugen.

Erschwerend kommt der vermeintliche Erwartungsdruck hinzu: Was sollte ich tun? Was erwartet man von mir? Jurist, Steuerberaterin oder Mediziner werden, weil man das in der Familie seit Generationen so tut? Den nächsten Job mit noch mehr Verantwortung, Image und Geld anpeilen, weil die Ansprüche der Familie gestiegen sind?

Wer hingegen genau das tut, was er gerne tut, was er tun will, wer Wünsche in die Tat umsetzt, zeigt ansteckende Leidenschaft, ist überzeugend und bekommt mindestens genauso viel Energie zurück, wie er investiert hat.

Den Fokus auf die persönlichen Präferenzen zu legen klingt in der Theorie einfach. In der Praxis zeigen sich jedoch schnell die Pferdefüße:

Was ist es denn, was ich wirklich, wirklich will?
Eine Führungsposition, Geld, Ruhm, Macht, ins Ausland gehen? Ein Buch schreiben, eine Firma gründen, Verrücktes tun, etwas Sinnvolles tun, auswandern, meine Kreativität entdecken, einen eigenen Biobauernhof bewirtschaften?

Was tue ich richtig gerne?
Ziele setzen und verwirklichen, reisen, schreiben, Reden halten, lesen, nix, lernen, zuhören, vermitteln, sporteln, Witze erzählen …?

Und wie arbeite ich gerne?
Diszipliniert, konzentriert, in aller Ruhe oder lieber im geordneten Chaos, im Team, und zwar in mehreren Projekten gleichzeitig?

Die Antworten auf diese Fragen findest du, wenn du dir die Zeit und Aufmerksamkeit dafür nimmst.

Ich will – ich kann – ich brauche

3. Ressourcen

Ich brauche

2. Kompetenzen

1. Präferenzen + Ziele

Ich will!

Das entschiedene »Ich will!« ist vielen verloren gegangen. Schon in jungen Jahren hören wir: »Kinder, die was wollen, kriegen eins auf die Bollen!« (NRW-Variante). Die zahlreichen Weichmacher wie »Ich möchte«, »Ich würde unter Umständen, gegebenenfalls, vielleicht …« lassen selbstbewusstes, auf das Ich konzentriertes Wollen bestenfalls erahnen.

Um herauszufinden, was wir wirklich, wirklich, wirklich wollen, empfiehlt sich oft ein Zwischenschritt: Was will ich nicht (mehr)? Beantworten! Und dann erst kommt die Frage: »Was will ich stattdessen?«

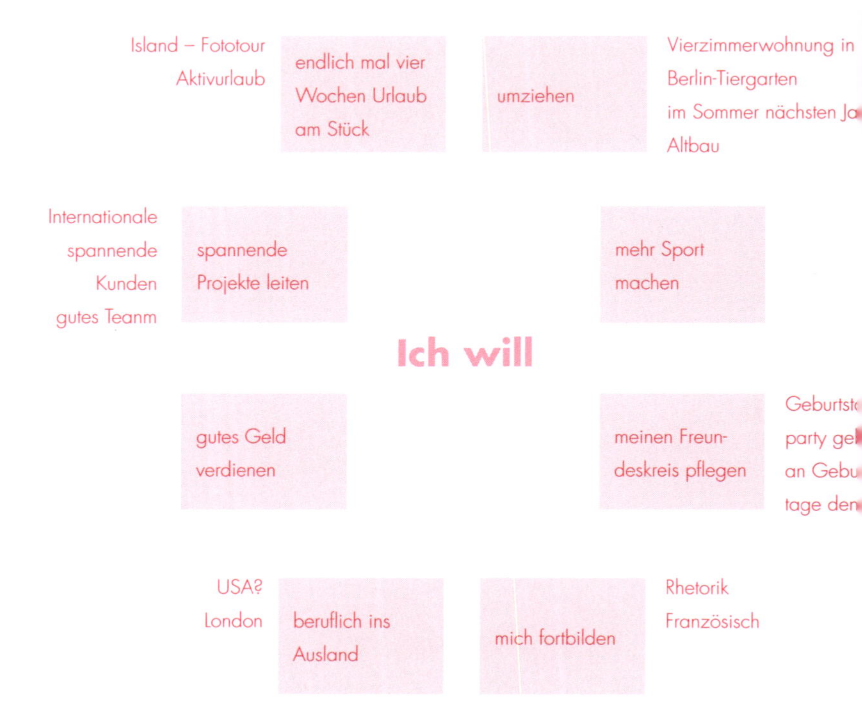

Ich kann!

Wo liegen deine Kompetenzen? Was kannst du? Schreibe all deine Kompetenzen auf. Mindestens 76. Die Aufgabe lautet dabei nicht zu notieren, was du besser als andere oder gar perfekt kannst, sondern auch vermeintlich banale Kompetenzen festzuhalten. Los geht's …

Ziele setzen, zuhören, lachen, für Stimmung sorgen, umsetzen, Fahrrad flicken, verzeihen, Fünfe gerade sein lassen, zeichnen, mich durchsetzen, telefonieren, andere überzeugen, Kinder zum Lachen bringen …

Kleiner Tipp: Kompetenzen zu sammeln macht gemeinsam mit Freundinnen, Kolleginnen und/oder Verbündeten besonders viel Spaß.

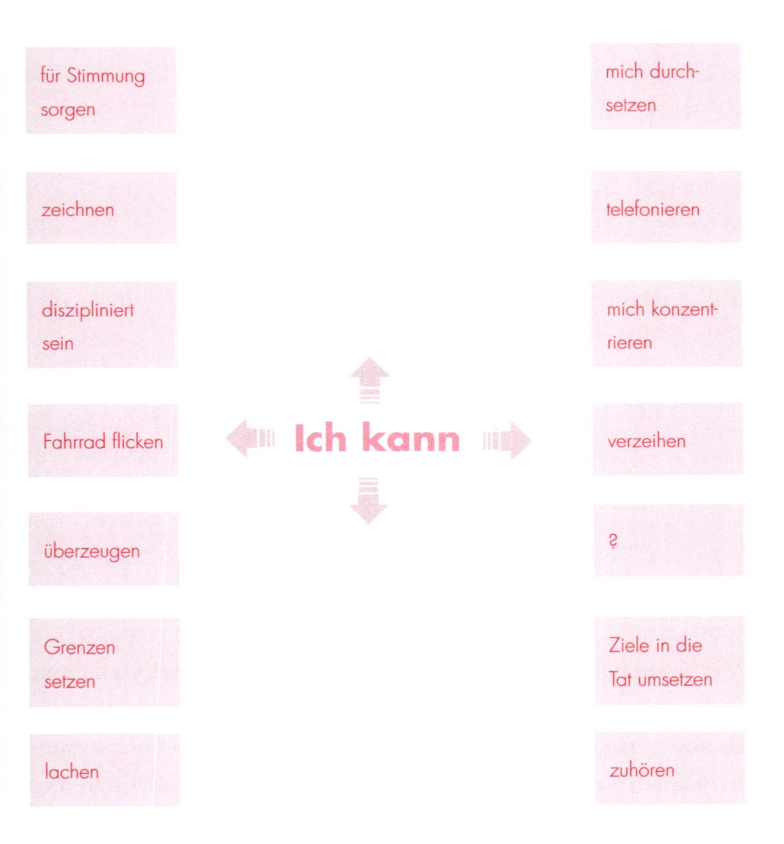

Ich brauche!

Wenn klar ist, was du willst und kannst: Was brauchst du noch, um deine Ziele zu erreichen? Wer oder was kann dir dabei helfen, deine Ziele zu erreichen? Geld, Zeit, Unterstützer, Ideen …

Hier tun wir Frauen uns oft ziemlich schwer, weil wir meinen, alles selber machen zu müssen. Putzfrau? Was sollen denn die Schwiegermutter oder die Nachbarn von uns denken? PC-Arbeiten? Das kann doch nicht so schwer sein. Dann mache ich halt erst einen Computer-Kurs.

»Am Samstag kann ich nie, da gehe ich immer mit meinem Mann einkaufen!«, sagt die Dame, die sich selbstständig machen will, in vollem Ernst. Merke: Die Worte »nie« und »immer« sind tabu. Zum einen, weil sie einfach nicht stimmen und zum anderen, weil sie uns wenig Alternativen anbieten.

Nie und immer sind tabu.

Wer ein Ziel erreichen will, muss umdenken. Und vielleicht ist der Gatte ja ganz happy, wenn er alleine einkaufen gehen kann? Für Kundenpflege, Weihnachtskarten etc. keine Zeit? Dafür gibt es überall kostengünstige und engagierte Dienstleister. Du willst wieder anfangen, Tango zu tanzen, hast aber keinen Tanzpartner? Schnapp dir das Branchenbuch, ruf bei drei Tangoschulen an und lass dich beraten!

Sobald dieser mentale »Einkaufszettel« geschrieben ist, bist du deinem Ziel einen großen Schritt nähergekommen. Die Wahrnehmung ist voll auf Empfang geschaltet.

Häufig sind beim ersten Durchdenken der Coaching-Struktur (Ich will – ich kann – ich brauche) die meisten Begriffe noch

ziemlich abstrakt und müssen konkretisiert werden, damit sie als echte Ziele taugen. Was heißt zum Beispiel »mehr Zeit«, »mehr Geld« oder »mehr Anerkennung«? Wie viel genau? Woran erkennst du dann später, dass es »mehr« geworden ist? Was genau verändert sich?

Lass dir wieder Zeit fürs Konkretisieren. Beim ersten Schritt kommt es auf Menge, Fantasie und Gestaltungsfreude an. Die Form der Mindmap ist übrigens super geeignet, um Erkenntnisse und Ideen, die dir in den nächsten Wochen beim Joggen, Auto fahren oder unter der Dusche einfallen, zu ergänzen.

Tipp: Mit »Ich will« zu beginnen ist deshalb entscheidend, weil hier viel mehr Leidenschaft dahintersteckt – und die brauchst du, um langfristig erfolgreich zu sein.

Der Prozess entlang der Coaching-Struktur dauert in der Praxis etwa drei Monate und sollte einmal im Jahr wiederholt werden. Denn Ziele ändern sich: Was will ich aktuell? Passen meine Kompetenzen oder muss ich mir neue aneignen, wer oder was kann mir beim Erreichen meines neuen, aktuellen Zieles behilflich sein? Ab dem zweiten Mal geht der Zielprozess dann ruckzuck.

Und wer weiß: Vielleicht machst du irgendwann einen alten Traum wahr, steigst aus einer renommierten Position aus und studierst das, was du schon immer studieren wolltest, oder hängst deinen Arztkittel an den Nagel und gehst mit einem eigenen Kabarettprogramm auf Tournee, wie Eckart von Hirschhausen es vorgemacht hat.

5. SCHÄRFE DEINE WAHRNEHMUNG

Achte darauf, dass du die wesentlichen Dinge mitbekommst – zum einen im Hinblick auf dein Ziel (Chancen, Mentorinnen, Anregungen), zum anderen aber auch im Hinblick darauf, was und wer dir guttut und wer nicht. Menschen, die dich aussaugen, oder einen Drahtesel, der ständig seinen Geist aufgibt und dir damit den letzten Nerv raubt, kannst du jetzt nicht mehr gebrauchen.

Kleines Praxisbeispiel: Eine Kundin kommt ins Coaching und strahlt über das ganze Gesicht. »Sie können mir gratulieren!«, sagt sie und erklärt mir auch sofort warum. Seit Jahren litt sie unter akneartiger Problemhaut. Kein Spezialist konnte ihr helfen. Und dabei ernährte sie sich doch so gesund: Täglich aß sie eine ganze Avocado und zwei Bananen. In irgendeinem Schön-und-fit-Ratgeber war die Avocado-und-Bananen-Diät empfohlen worden. Seit sie diese Kost weglässt, gesundet sie zusehends. »Warum nur habe ich der Zeitschrift mehr geglaubt als meinem eigenen Körper?«

6. REDUZIERE DEN ZWANG IN DEINEM LEBEN

Ich muss noch dies – ich muss noch das. Kino? Keine Zeit. Ich muss ja noch … Erschreckend, wie häufig das Wörtchen »muss« benutzt wird. Dieses Wort macht den Menschen zum Getriebenen. Je mehr »Ich muss«, desto schrecklicher fühlen wir uns.

Denke bei jedem »Ich muss« darüber nach, ob es nicht »Ich will« heißen müsste.

Muss ich zum Sport oder will ich zum Sport? Muss ich noch arbeiten oder will ich dieses Kapitel gerne beenden? Die (Selbst-)Erfahrung zeigt: Sobald es heißt »Ich will«, lässt sich alles gleich mit einem viel besseren Gefühl erledigen, weil ich mich aus freien Stücken dafür entschieden habe. Muss ich fürs Finanzamt ein Fahrtenbuch führen? Nee, muss ich nicht, wenn ich mich mit der unattraktiven Ein-Prozent-Privatfahrtenversteuerung zufriedengebe. Muss man fordernde E-Mails der Konkurrenz beantworten? Nee, muss man nicht. Und schon gar nicht vor seinem Urlaub. Übrigens: Jeder Computer hat eine Löschtaste. Benutze sie … Muss man dem Gatten nach einem anstrengenden Bürotag noch ein Fünf-Gänge-Menü kochen? Nein, das kann er nicht wirklich wollen. Muss ich tatsächlich auf die Konfirmation des Kindes meiner doofen Nachbarin? Nee, und da wird der Nachbarschaftssegen auch nicht gleich schief hängen (Hauptsache, das Geschenk kommt an) …

7. POWERFRAU? NEIN DANKE!

Kennst du noch den Begriff der Powerfrau? Ein Trendwort der späten 1980er-Jahre. Wer so bezeichnet wurde, konnte mit stolz geschwellter Brust durch den Alltag schreiten. Das waren die Damen mit viel Energie, die Damen, die alles konnten: Sie waren gute Töchter, Schwestern, Hausfrauen, Mitarbeiterinnen, Chefinnen, Ehefrauen, Geliebte, Mütter. Sie wuppten Job, Haushalt, Ehe und Kindererziehung scheinbar mühelos. Da war sogar noch Platz für das eine oder andere Ehrenamt. Und sie waren spitze darin, Löcher in die Wand zu bohren und Lampen zu montieren. Klingt nach erstrebenswertem Superwoman-Level? Achtung!

Wer alles kann, wem nichts zu viel ist, der wird auch gerne vor den Karren gespannt.

»Frau Müller ist eine echte Powerfrau!«, wenn der Chef das vor versammelter Mannschaft verkündete, konnte er sicher sein, dass Frau Müller noch einen drauflegte.

Wie bescheuert sind wir eigentlich? Das Powerfrauensyndrom sorgt nur dafür, dass wir zu Gunsten anderer völlig überarbeitet sind, dunkle Ränder unter den Augen haben, Magengeschwüre, psychosomatische Krankheiten ... Ich rate heute dringend, in mindestens einem Bereich grottenschlecht zu sein, absichtlich einen ungeliebten Ruf zu verlieren – und sich auf diese Weise herrliche Freiheiten zu verschaffen.

Irgendwann einmal vernahm ich per »Flurfunk«, meine Mutter habe sich darüber echauffiert, dass mein Zimmer immer so chaotisch aussehe, wenn ich bei meinen Eltern zu Besuch war. Ich fühlte mich tief getroffen. Schließlich wollte ich es doch gerade meiner Mutter gerne Recht machen. Dann aber besann ich mich: Will ich mit 40 tatsächlich von meiner Mutter wegen eines aufgeräumten Zimmers gelobt werden? Das kann doch nicht meine Baustelle sein! Heute gelte ich als Familienchaot, schlechte Hausfrau und jämmerliche Köchin – mit allen Freiheiten.

8. WEG MIT DEN VIELEN »MAL-EBENS« UND »SCHNELL-SCHNELLS«

Mal eben die Belege sortieren, noch schnell einen Termin für den Reifenwechsel machen, mal eben zwischendurch ein Sandwich einwerfen und auf den letzten Drücker noch schnell einen Anruf erledigen. Wie viel Zeit uns dieses Schnell-schnell-und-mal-Eben kostet, merken wir, wenn wir bei der Bahn ein neues Kundenprofil anlegen müssen, weil das alte aus unerfindlichen Gründen nebst Passwort abhandengekommen ist. Schnell-schnell verlegt. Alles, was wir tun, ist es wert, mit Achtsamkeit getan zu werden, denn wir tun es ja nicht nur für die Sache, sondern auch für uns selbst. Probier's aus: Die kleinen Arbeiten bekommen plötzlich eine ganz andere Qualität – und wir erinnern uns wieder an sie, wenn wir sie nicht huschhusch-nebenbei gemacht haben …

9. BESTIMME DEINE WIRKUNG

Ich habe eine Stilberaterin kennengelernt, die nahezu alle ihre weiblichen Kunden vorzugsweise in schweinchenrosa und ihre männlichen Kunden in mausgrau einkleidete. Und die Kunden? Die meisten ließen das mit sich machen.

Noch so ein Beispiel: Ein großes Softwarehaus schulte seine Führungskräfte konsequent in eine bestimmte Richtung (Corporate Behaviour), um dann erschreckt festzustellen, dass ihre Manager irgendwie alle gleich waren und keine Persönlichkeit mehr zeigten. Sie waren austauschbar geworden. Damit dir so etwas nicht passiert: Kümmere dich selbst um deine Wirkung! Hier eine passende Übung:

Ich wirke … (Selbstporträt)

Nutze wieder die Mindmap-Technik und schreibe auf, wie du wirkst. Klingt erst mal simpel, doch schnell wirst du feststellen, dass du wie alle anderen Menschen ständig unterschiedlich wirkst. Ob Privatperson oder Kollegin, im Urlaub oder Alltag, ob nach einem Erfolg oder einem Streit … Unsere Wirkung variiert. Stelle also die verschiedenen Wirkungsfacetten bei dir fest.

So sehen mich andere

Bitte mindestens drei Personen, auf deren Urteil du Wert legst, um jeweils fünf Wirkungsadjektive, die auf dich zutreffen. Befrage dazu je eine Person aus den folgenden Gruppen: A) Freund oder Freundin, B) jemand aus der Familie, z.B. den eigenen Mann und C) jemand aus dem beruflichen Umfeld, z.B. Kollegin oder die Chefin.

»Ich habe da so eine komische Coaching-Aufgabe gekriegt … Also: Wie wirke ich deiner Meinung nach? Was sind die fünf Punkte, die dir/Ihnen dazu einfallen?«

Ergänze anschließend die Sicht der anderen mit einer jeweils anderen Farbe auf deiner Mindmap. Lass dir ruhig Zeit. Die Aufgabe muss nicht innerhalb eines Tages gelöst sein.

Die Wirkung meiner Wahl

Jetzt nimm ein neues Blatt und mache diesen Übungsteil, ohne dabei auf Blatt I zu schauen. Ring frei für die (Diven-)Wirkung deiner Wahl: Ich will wirken.

Welche Wirkung passt zu dir, zu deinem neuen Image? Welche Seiten an dir möchtest du betonen, welche minimieren? Welche ganz neuen Seiten wird dein Umfeld demnächst bei dir entdecken? Trau dich was!

Achtung: Wer nur Worte wie sympathisch, zuverlässig, pünktlich, berechenbar, höflich bei sich stehen hat, mag ein netter Mensch sein, ist aber vielleicht auch ein bisschen langweilig. Wer hingegen ab und zu bewusst arrogant wirkt, verschafft sich mitunter Respekt. Mute deinen Mitmenschen ruhig deine volle Größe zu!

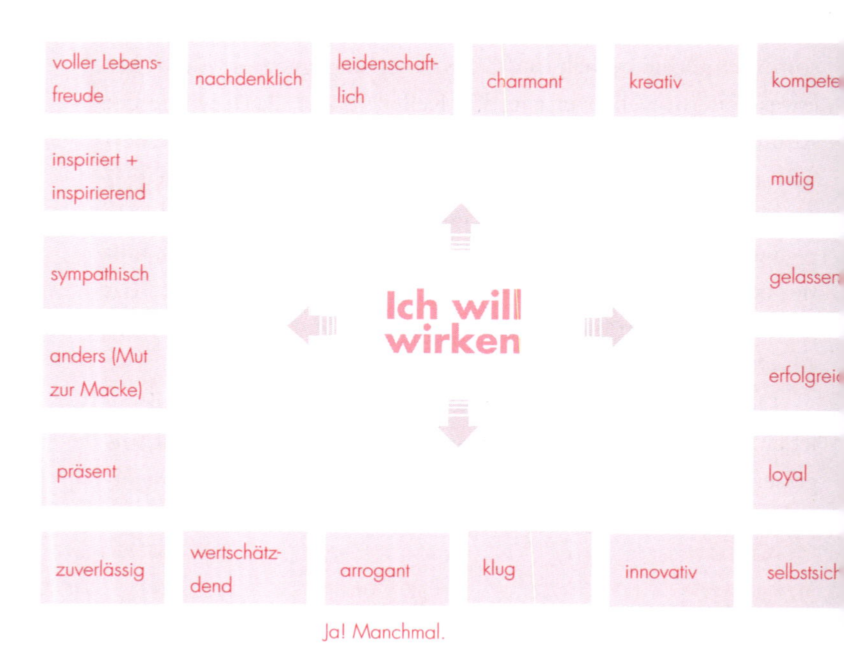

Lass die Übung wirken – und überlege in den nächsten Wochen, wie du die gewünschte Wirkung erreichen kannst. Ganz allmählich. Was könntest du tun oder lassen? Wer oder was kann dir bei der Umsetzung helfen? Weitere Tipps? Siehe *Königin für einen Tag* (Seite 149)!

10. SEI ANSPRUCHSVOLL

Wie oft geben wir uns mit faulen Kompromissen zufrieden, weil wir die Kollegin oder den Dienstleister nicht kritisieren wollen oder weil uns irgendetwas nicht gefällt, wir aber nicht ausdrücken können, was wir denn gerne stattdessen hätten. Oder wir lassen uns von der Verkäuferin zu einem ollen Teil überreden und wissen genau: »Das ziehe ich niemals an«.

Die Diva weiß in der Regel, was sie will, und gibt sich nicht mit halben Sachen zufrieden. Wenn sie im Restaurant einen bestimmten Drink bestellt und der Kellner entgegnet, es würde aber etwas dauern, weil er erst in den Keller müsste, dann würde der Kumpeltyp sagen: »Ach, macht nichts, dann bestelle ich eben etwas anderes.« Die Diva hingegen kann »Umstände« aushalten und wird warten – voller Vorfreude auf ihren leckeren Drink.

Für den Fall, dass die Diva nicht genau weiß, was sie will, holt sie sich Unterstützung in ihrem Netzwerk. Sie diskutiert das Thema, formuliert ihre Fragen, erhält Antworten und findet dann zu einer Entscheidung.

Die Diva hat sich guten Geschmack antrainiert und will ihn leben. Sie geht keine billigen Kompromisse ein. Doch nicht vergessen: Die Diva äußert ihren Wunsch strahlend und zuversichtlich. Hier wäre Arroganz fehl am Platze …

»Herr Ober, ich hätte gerne den Salat mit Putenbrust. Aber könnte ich statt Pute auch Hühnchen haben und statt Pinienkernen bitte Sonnenblumenkerne? Und auf Paprika reagiere ich allergisch, geht Zucchini dafür? Und statt dem Baguette bitte Vollkornbrot. Ohne Butter. Aber ansonsten so, wie es auf der Karte steht.«
»Selbstverständlich, Madame«, erwidert der Kellner, »und möchten Sie Ihre Gabel mit vier, fünf oder sechs Zinken?«

11. ENTWICKELE DEINEN EIGENEN STIL

Diven haben alle einen eigenen Stil: divaduell eben. Damit ist nicht der männermordende Vamp mit langer Zigarettenspitze und laszivem Blick gemeint. Eigentlich überhaupt kein einheitlicher Typ. Die eine trägt klassische Hosenanzüge und darunter immer ein T-Shirt mit einem originellen Spruch. Die nächste hat sich auf eine Farbe festgelegt. Eine andere legt immer ein originelles Schmuckstück an, die nächste wiederum sticht mit knalligem Lippenstift oder glänzendem Hennahaar hervor, und wieder eine andere Diva erkennt man an ihrem Duft: seit über 20 Jahren *Chanel N° 5*.

»Wann aber hat man Stil?« Wenn du etwas Eigenes, das deine Persönlichkeit unterstreicht, gefunden hast; wenn du dieses Eigene dezent kultivierst und pflegst – völlig unabhängig von der aktuellen Mode.

Auf jeden Fall ist die Diva immer gepflegt und sie versucht auch nicht so jung wie möglich, sondern so gut oder so originell wie möglich auszusehen. Nina Hagen, Vivienne Westwood, Hildegard Knef, Mireille Mathieu, die Gossip-Sängerin Beth Ditto, Heino und Sissi Perlinger haben ihren Stil gefunden und natürlich: Nicht jedem gefällts. Soll es aber auch nicht. Der Wiedererkennungswert liegt jedoch bei 100 Prozent.

12. KÖNIGIN FÜR EINEN TAG

Probier doch einmal folgende Übung aus:

An einem mutigen Tag tust du so, als wärst du prominent, stylst und kleidest dich entsprechend. Dann tust du, was Promis so tun. In diesem Fall bietet sich Shoppen an: Bewege dich wie ein Promi, verhalte dich wie ein Promi. Sei anspruchsvoll, erwarte »standesgemäße« Bedienung. Nimm einen gepflegten Lunch.

Meine Kundinnen berichten mir regelmäßig, wie gut diese Übung funktioniert. Man rutsche in eine neue Rolle. Passanten stecken ihre Köpfe zusammen und tuscheln und manchmal fasst sich jemand ein Herz und fragt direkt »Woher kenne ich Sie?« »Sie lesen doch die Nachrichten, oder?«

Deine innere Haltung hat einen unglaublichen Effekt auf deine äußere Wirkung. Spiele damit. Promi-Sonnenbrille aufsetzen und los geht's …

Das Ganze lässt sich natürlich noch toppen: mit einem Profi-Styling und mondäner Perücke, mit einem gemieteten Fotografen, der wie ein Society-Klatsch-Reporter »zufällig« im Lieblingslokal auftaucht und Bilder schießt. Besonders viel Spaß macht die Inszenierung mit zwei, drei guten Freundinnen (und ihr könnt euch die Kosten für die Stretch-Limousine teilen). Wichtig ist nur, dass ihr nicht herumalbert und -gackert. Sonst funktioniert's nicht …

Tipp: Versuche nicht, diese Übung deinem Mann oder Partner zu erklären. Er wird es eh nicht verstehen. Und keines deiner Argumente wird in seinen Augen ausreichen, um deine Zurechnungsfähigkeit wieder herzustellen.

13. ACHTE AUF DEINEN UMGANG: NETWORKING FÜR DIVEN

Welche Menschen tun dir gut, welche sind bestenfalls Energieräuber? In Freundschaften sollte nach Jahren eine gewisse Ausgeglichenheit vorherrschen. Die eine Freundin ist eine wunderbare Anlaufstelle bei Liebeskummer, die andere ist in der Lage, finanziell auszuhelfen. Die eine ist eine wertvolle Unterstützung bei Krankheit, die andere immer bereit, die Kinder zu hüten. Aber es gibt auch menschliche Blutsauger, denen nie etwas genug ist, die nicht die Gabe haben, sich mitzufreuen. Wenn sie als Umzugshilfe gebraucht werden, haben sie leider gerade einen schlimmen Rücken. Lange Rede kurzer Sinn: Befreie dich von Miesmachern und einseitigen Profiteuren. Suche lieber gezielt nach Menschen, die etwas mit deinen Zielen und Wünschen zu tun haben. Die schon da sind, wo du gerne hin möchtest. Mit denen du dich wohlfühlst. Die dich innerlich bereichern, die dich inspirieren und motivieren. Das ist standesgemäßer Divenumgang.

Im Job gilt darüber hinaus: Du wirst auch an deinen Kontakten gemessen. Also, sei schlau, mit wem du dich umgibst. Gestatte dir nicht beliebigen Umgang, lade nicht alle auf deine Events ein. Mache dir die Mühe zu sortieren. Bestätige auf Social Networks wie *XING* nicht jeden, der anfragt, sondern wähle nach deinen Kriterien. Ich persönlich bestätige in der Regel keine Kontaktanfragen von Menschen, die ich noch nie getroffen habe, denn erfahrungsgemäß bleibt es auch für die Zukunft dabei und das bringt gar nichts. Und wer seine eigenen Kontakte verbirgt, den bestätige ich auch nicht. Wobei ich mich hier schon ein wenig korrigieren musste: bei Personalberatern macht es zum Beispiel aus Kundenschutzgründen schon Sinn, die Kontakte nicht freizugeben. Solltest du einen Kontakt ablehnen, dann bitte immer höflich und wertschätzend: »Nein« zur Sache, »Ja« zur Person.

Überlege dir, wann du wie oft erscheinst. Denn wer ständig überall auftaucht, verkauft sich über. Als gutes Beispiel eignen sich Barbara Schöneberger und auch Dr. Eckart von Hirschhausen. Beide finde ich persönlich amüsant, wortgewandt, klug und sehr unterhaltsam. Doch es gab eine Zeit, wo sie auf allen Kanälen präsent waren. Und dann verhält es sich wie mit einer Lieblingsspeise: täglich genossen, schmeckt sie nicht mehr. Barbara Schöneberger hat sich nun mit der Geburt ihres ersten Kindes rargemacht und ich finde, es hat ihr genutzt.

Veronika Ferres und auch Christine Neubauer haben die bittere Pille der Überpräsenz sehr zu spüren bekommen: Kolleginnen und People Magazine verfolgen sie mit Häme.

Sich rarzumachen erhöht den Glamourfaktor.

14. KONTROLLIERE DEINE GEDANKEN

Diven sind von ihrer Grundausstattung her positive und großmütige Persönlichkeiten, die sich gemeine Gedanken bewusst verbieten, nach dem Motto: »Hässliche Gedanken machen hässlich.«

Achte also auf deine Gedanken. Beispiele: Du gehst mittags in den Supermarkt, um dir etwas zu essen zu holen. In der Schlange an der Kasse stehen mindestens vier Rentner. Spontaner Gedanke: »Könnt ihr nicht einkaufen, wenn die Berufstätigen arbeiten?« Oder du hetzt zum Zug, und irgendjemand steht dir träumend im Weg. Kommt da nicht ein geheimes »Verzieh dich!« hoch? Jemand schlurft durch den Gang, und man denkt automatisch: »Füße hoch!« Oder: Du bist rank und schlank, weil du regelmäßig Sport treibst und dich bewusst ernährst; da kommt dir beim Joggen im Park ein Dickerchen mit einem Big Mäc in der Hand entgegen. Und – zack –, ist er da, der Gedanke: »Du hättest es auch mal nötig!«

Mal abgesehen davon, dass wir in Bezug auf anderer Menschen Leben keinen Lehrauftrag haben, bringen fiese Gedanken nichts außer einem spontanen fiesen Gesichtsausdruck und einer auf Dauer fiesen Haltung. Wehre den Anfängen: Denke freundlich über deine Mitmenschen. Niemand verhält sich absichtlich suboptimal. Sei lieber froh, dass du es verstanden hast – ohne überheblich zu werden.

Aber nicht nur Gedanken über andere prägen uns, auch was wir über uns selbst denken, spielt eine große Rolle für unsere Wirkung und Überzeugungskraft.

Viele Extrovertierte führen übrigens Selbstgespräche. Und das ist wunderbar. Denn sie folgen damit den Empfehlungen der modernen Lernbiologie. Wer mit sich selbst spricht, hat anschließend alles gut durchdacht. Früher wirkte das ein wenig verhaltensauffällig, weil ungewohnt. Aber heute kannst du unbeschwert mit dir selbst reden: Jeder wird denken, dass du telefonierst.

Tipp: Auch wenn du mit dir selbst sprichst, solltest du nett zu dir sein. Sag nicht so etwas wie: »Scheddin, Pappnase, musste das sein?«, sondern: »Monika, das kannst du besser!«

15. NUTZE DEINE ZEIT UND GENIESSE DEN MOMENT

Denke daran: Es gibt kein Leben auf Prob
also lebe Volldampf! Vorsichtshalber …

Die Diva hat ein Gespür für die wichtigen Dinge. Welche das sind? Dazu gibt es eine gute Übung:

Stell dir vor, du bist 80 Jahre alt, kannst dich zwar nicht mehr so gut bewegen und hast diverse Gebrechen, bist aber noch sehr fit im Kopf. Du denkst über dein Leben nach. Was würdest du dir vermutlich wünschen, mehr, öfter, anders oder nicht getan zu haben?

Vor einigen Jahren überlegte ich: Wenn du deine Kunden dazu anhältst, Herausforderungen anzunehmen, solltest auch du das regelmäßig tun. Was aber war für mich herausfordernd? Krankheit und Tod, das waren für mich harte Themen. Und so entschloss ich mich, eine Fortbildung »Betreuung von Kranken im Krankenhaus« zu machen. Neben theoretischem Input, Rollenspielen und viel Selbstreflexion bedeutete das auch ein Praktikum im Krankenhaus. Ein Vierteljahr lang, jeden Montagnachmittag. Ich habe sehr viel von den Kranken gelernt, aber eines ganz besonders: Die wenigsten haben ihre Fehler bereut, sondern das, was sie nicht gemacht haben, das, was sie sich nicht zugetraut haben, was sie immer auf später verschoben und dann unterlassen haben.

Am Ende unseres Lebens wünschen wir uns vermutlich nicht, mehr Casting-Shows geschaut zu haben, mehr Schuhe zu besitzen, mehr gearbeitet zu haben. Vermutlich würden wir uns wünschen, mehr Zeit mit Freunden verbracht zu haben, unseren Lieben mehr Aufmerksamkeit und Mitgefühl geschenkt zu haben. Vielleicht hätte es uns auch mit 60 Spaß gemacht, auf einer Parkbank zu sitzen und Seifenblasen in die Luft zu pusten, die Natur zu bestaunen, zu genießen und nicht hechelnd durch sie hindurchzujoggen, ohne die herrlichen Blüten und Düfte wahrzunehmen. Vermutlich wären wir gerne mehr in ferne Länder gereist, statt uns aus Furcht vor anderen Sprachen und möglichen Gefahren immer wieder an den vertrauten Strand von Rügen oder Samos zu legen. Vielleicht hätten wir unserem Nachbarn geholfen und billigend in Kauf genommen, dass wir etwas später zum Termin gekommen wären. Vielleicht hätten wir unseren Mut, unsere Energie in unsere Beziehung statt in Bungeejumping und Rafting investiert. Vielleicht wären unsere Blusen nicht so gebügelt gewesen, wir lägen heute nicht auf einem Designersofa, zögen Kraft aus viel mehr Qualitätsmomenten.

Dieses Gedankenspiel ließe sich ganz schön ausweiten, oder?

Carpe diem – nutze den Tag. Kennt jeder, weiß jeder und doch ist es wichtig, sich dies immer wieder bewusst zu machen.

Diven haben einen klugen, entspannten Umgang mit der Zeit. So können sie ebenso auf ihre Ziele hinarbeiten wie den Moment genießen. Echte Diven leben nicht in der Vergangenheit, jammern nicht über verpasste Chancen und trauern nicht ihrer Vitalität, Schönheit oder sonst was nach.

Es ist, wie es ist. Änderungen kanns du nur in der Gegenwart vornehme

Diven versuchen, in jedem Moment so gut wie möglich zu leben. Sie verdammen sich aber nicht, wenn es einmal nicht gelingt. Sie arbeiten, machen aber regelmäßig Pausen. Sie gehen ins Kino und in Kunstausstellungen, sie gönnen sich gelegentlichen TV-Konsum, schauen sich aber keinen dumpfen Blödsinn an. Sie bewegen sich, machen aber nur den Sport, der ihnen wirklich Spaß bringt. Diven hetzen nicht von einer Geselligkeit zur nächsten. Sie können auch sehr gut alleine sein – und brauchen diese Zeit.

Nur, wer bisweilen Zeit ***vergeuden*** *kann,*
nutzt *sie richtig.*

Wenn dir also danach ist, dann schau dir bei schönstem Wetter eine Gerichtsshow im TV an. Lies eine Illustrierte über die europäischen Adelshäuser und habe Spaß dabei. Und bitte ohne Gewissensbisse. Denn wenn du dir erlaubst, Zeit zu vergeuden, geschieht dies nur selten, einfach, weil du es dir nicht verbietest. Und was heißt schon vergeuden … Es gibt immer wieder Situationen, in denen wir einfach keine Zeit haben. Das Projekt muss fertig werden, der Termin ist unaufschiebbar, die Kinder brauchen etwas Anständiges zu essen. Und trotzdem: Seit Langem ist heute wieder einmal ein richtig schöner und warmer Tag. Also Zähne zusammenbeißen und durch? Oft ja, aber eben nicht immer. Ab und zu empfehle ich dir »Schule schwänzen«. Raus an den See oder in den Wald und die Sonne genießen. Und zwar jetzt und mit gutem Gewissen. Und wenn es nur zwei, drei Stunden sind. Du bekommst so viel Kraft und Freude dadurch, dass dein Projekt am nächsten Tag mit viel mehr Schwung funktioniert. Meine Erfahrung ist, dass ich unter dem Strich Zeit spare, wenn ich ab und zu einmal »Schule schwänze«. Und wer dies nicht als Schülerin oder Studentin gemacht hat – ran an die Buletten. Macht diese Erfahrung.

In unserer Kultur wird der Prozess des Denkens selbst nicht honoriert. Erst mit dem Ergebnis, mit dem Produkt bekommt Denken seine (nachträgliche) Legitimation, weil das, was gedacht wird, nicht sichtbar ist.

Gönne dir Denkpausen. Kreiere ganz bewusst Phasen der Langeweile, weil nur diese einen kreativen Prozess in Gang setzen. Wenn wir uns ständig mit Aktivitäten zuballern, können wir unmöglich alle geistigen Ressourcen nutzen.

Viele meiner Kunden nehmen sich einmal in der Woche eine sogenannte »Quality Time«. Das ist eine Verabredung nur mit sich selbst, bei der man über sich, seine Woche, seine Ziele nachdenkt. Wann und wie lange? Das ist sehr unterschiedlich, zum Beispiel mittags für anderthalb Stunden, freitags nachmittags … Je nach Gusto. Andere wiederum schreiben »Morgenseiten«, wie es Julia Cameron in ihrem Buch *Der Weg des Künstlers* empfiehlt: Sobald du aufwachst, sofort nach Stift und Block greifen und noch im Bett und im Halbschlaf drei DINA4-Seiten einfach runter schreiben. Alles, was dir einfällt, was dir in den Sinn kommt. Einfach schreiben. Flott und unzensiert. Träume, Gefühle, Fragen, Freuden, Banales, Wichtiges. Es geht nicht darum, diese Seiten jemals zu verwerten. Es geht darum, die Festplatte im Hirn zu putzen, das eigene Kreativitätspotenzial zu aktivieren und sich selbst besser kennenzulernen. Viele Menschen machen diese Übung seit Jahren jeden Morgen. Ich mache sie nur in Phasen, in denen ich das Gefühl habe, ich hätte keine Zeit und auch keine Übersicht, ungefähr zehn Tage lang. Und obwohl die Morgenseiten zwischen 20 und 30 Minuten Zeit brauchen, ist diese Investition jede Minute wert. Sehr schnell tritt bei mir der Effekt von Ruhe, Gelassenheit und dem genialen Gefühl von Zeithoheit ein.

Zeit zu nutzen heißt auch, sich auf der einen Seite wichtig zu nehmen (gut fürs Selbstbewusstsein und für die Ziele) und eben auch nicht so wichtig. Denn wer sich nicht so wichtig nimmt, hat weniger Ängste. Viel zu viele Menschen machen sich ständig viel zu viele Sorgen: Wird mein Sohn das Abi schaffen? Kriege ich Krebs? Wer versorgt die Eltern im Alter? Kann ich von meiner Rente leben? Die sorgenvollen Gedanken kreisen und kreisen –

und blockieren. Deshalb: Tu, was du dafür tun kannst … Und dann lass los! Mach dich nicht schon heute verrückt. Vielleicht kommt alles ganz anders – und dann ist es immer noch früh genug, konkret anzupacken.

Ebenso viele Menschen haben die Tendenz, eine Sache noch gar nicht abgeschlossen zu haben, da sind sie gedanklich schon bei der nächsten. Das Gefühl von Gehetztsein ist immer präsent – aber unser unnachgiebigster Sklaventreiber sind wir selbst. Deshalb: Stopp! Bleibe in dem Moment.

Wenn du ein gutes Essen vor dir stehen hast, genieße es. Wenn du gerade den Gipfel eines Berges bestiegen oder eine Prüfung bestanden hast: Enjoy! Wenn du die Präsentation mit Bravour bewältigt hast: Feiere dich! Nur das. Sonst nichts.

Natürlich ist es schön, auch in Erinnerungen zu schwelgen und auf Erfahrungen zu bauen. Und natürlich macht es Spaß, die Zukunft zu gestalten. Aber nur im Gestern zu verweilen kann Entwicklung genauso hemmen wie das Leben stets auf morgen zu verschieben. Entwicklung und Veränderung ist nur aus dem Hier und Jetzt möglich. Denn wir können weder die Vergangenheit verändern noch die Zukunft mit Sicherheit bestimmen.

Gestalten können wir nur im Moment.

Hier hilft ein guter Zeitmix von »gestern – heute – morgen«. Erfahrung, Bewusstheit und Fokus. Ich empfehle folgende Formel:

20 Prozent Vergangenheit	60 Prozent Gegenwart	20 Prozent Zukunft
Auf Erfahrung und Wissen bauen.	Im Hier und Jetzt erkennen, was wichtig ist, was hilft, was stört. Stichwort Achtsamkeit.	Aktiv gestalten, die Zukunft im Visier. Verbesserungen anstreben, sich und bestimmte Dinge verändern.

16. TRAINIERE DEINE RHETORIK UND DEINE SCHLAGFERTIGKEIT

Je wichtiger deine Position, je mehr Kontakte du pflegst, desto mehr Gewicht hat deine Rede. Und im Beruflichen gilt: Je höher die Funktion, desto mehr muss repräsentiert werden. Denn wenn ich vorwärtskommen oder erfolgreich führen will, kann ich das nicht ausschließlich in Zweiergesprächen tun. Wer Verantwortung hat, muss sich ihr stellen – auch nach außen. Also: Egal, ob Präsentation, Elevator Pitch, Konfirmation oder Hochzeit … Gekonnt und bewusst kommunizieren und repräsentieren. Dich und deine Anliegen. Wer nichts sagt, dem wird sonst womöglich unterstellt, er oder sie habe nichts zu sagen. Bangemachen gilt nicht. Zeig Flagge.

Ein Rhetorik-Kurs wirkt Wunder. Dann feile an deiner Rednerrolle im Einzelcoaching, bis du zufrieden mit dir bist. Viele machen nur einen einzigen Rhetorik-Kurs in ihrem Leben und verlassen ihn mit dem Gefühl: »Das lerne ich nie! Ich wusste doch, dass ich hier nicht begabt bin!« Und das ist völliger Quatsch.

Ein Rhetorik-Kurs ist die Basis. Jetzt trittst du in den Ring und übst. Du wirst Dinge gut machen und dir kleine Fehler erlauben. Mit dem eigenen Ziel vor Augen ist es herrlich, andere Redner zu beobachten: Was machen sie gut, was gefällt dir, was stößt dich ab? Lerne und lasse dich von nichts abhalten.

Die wichtigsten Regeln für gute Rednerinnen

1. Erst den Vortrag zusagen, dann Schiss kriegen. Sage zu, wenn du gefragt wirst, ob du eine Rede, ein Interview etc. halten willst. Wenn du nicht gefragt wirst, lasse dich vorschlagen oder biete dich selbst an.

2. Bereite dich super vor und übe. Lasse dich dabei von einem Coach unterstützen.

3. Visualisiere deine Rede, zum Beispiel mit einer Powerpoint-Präsentation. Visualisieren heißt viele Bilder, wenig Text!

4. Rede so laut, dass du auch in der letzten Reihe gehört wirst.

5. Kommunikation beginnt mit Blickkontakt. Schaue Zuhörer links – in der Mitte – rechts, vorne und hinten an.

6. Praxisbeispiele und Geschichten würzen deinen Vortrag und bleiben im Gedächtnis.

7. Du darfst über alles reden, aber nicht über die Zeit. Überziehe also nicht. Lieber etwas kürzer reden als zu lang.

8. Bilde kurze Sätze.

9. Sprich langsam.

10. Senke am Satzende deine Stimme. Ansonsten werden deine Aussagen für Fragen gehalten.

11. Mache Pausen.

12. Sprich nur dann, wenn du das Publikum anschaust. Solange du ihm deinen Rücken zeigst (zum Beispiel, weil du etwas auf das Flipchart schreibst), schweige.

13. Zappele auf der Bühne nicht herum. Jede Bewegung hat einen Anfang und ein Ende. Solange du dich bewegst, schweige.

14. Auf keinen Fall sitzen. Stehe bei deiner Rede.

15. Sprich Tagesschau-Deutsch. Jeder Mensch sollte verstehen, was du sagst.

16. Gib Feedback gezielt in Auftrag. Bitte z.B. eine Kollegin darauf zu achten, ob du laut genug sprichst, ob der Blickkontakt gepasst hat etc.

17. Zum Schluss: Genieße den Applaus. Freue dich darüber und zeige dies. Sage dir innerlich: Punkt, Pause, gut! Und erst dann darfst du frühestens die Bühne verlassen.

Als ich begann Reden zu halten, suchte ich händeringend nach todsicheren Methoden, um mein Lampenfieber in den Griff zu bekommen. Wenn es dir genauso geht: Vergiss es. Das Lampenfieber bleibt dir erhalten. Gut so, denn es hält dich hübsch wach und präsent. Nichts ist schlimmer als eine gelangweilte Routine-Rednerin.

Aber man kann sich das Lampenfieber zum Freund machen. Mir hilft folgendes: Gute Vorbereitung, Wasser trinken, Pausen machen. Die Pausen bekomme ich zum Beispiel, wenn ich das Publikum beschäftige, indem ich ihnen ein schönes Bild oder eine Filmsequenz zeige oder ihnen eine Aufgabe gebe. Weil ich vorher nicht weiß, wann ich Lampenfieber bekomme und wann nicht, gebe ich mir pauschal die Lampenfieber-Erlaubnis. Wenn es so ist, ist es so. Ich bekomme einen trockenen Hals und die meisten merken es. Na und?

Die Diva versteckt sich weder hinter dem Chef noch hinter ihren Kollegen, noch hinter dem eigenen Mann. Sie stellt sich dem Redeauftrag.

Der Graus einer jeden Frau: verbal abgekanzelt zu werden – und nichts Schlagfertiges fällt einem ein. Stumm wie ein Fisch stehst du da und fühlst dich jämmerlich. Erst im Nachhinein, wenn schon alles zu spät ist, fallen dir die passenden Sätze ein. Es geht aber auch anders … Ich verrate dir mal meine Scheddin'sche Schnellrezeptur gegen Stummheit inklusive Notfallpflaster:

Verstehe zunächst, was da in dir passiert, warum du innerlich auf Schnappatmung gehst. Irgendjemand hat es geschafft, deinen wunden Punkt zu treffen. Auch wenn wir oft so selbstbewusst und unverwundbar tun, bei jedem Menschen gibt es mindestens ein schmerzendes Moment. Ob nun Alter, Wissen, Status, Gewicht, Kinderlosigkeit, Beziehung … Schlagfertigkeit ist immer dann vonnöten, wenn man angegriffen wird, um sich zu positionieren. Wer stumm bleibt, verliert an Ansehen. Die meisten Schlagfertigkeitstrainings empfehlen, einen Schlag zurückzugeben, um den anderen mundtot zu machen. Ich persönlich finde, es gibt bessere Varianten zu parieren. Schau dir die acht grundsätzlichen Möglichkeiten an und finde heraus, welche zu dir passt:

1. Ignorieren
2. Rückfragen
3. Zustimmen (Danke!)
4. Abweisen
5. Wörtlich nehmen
6. Gegenschlag
7. Humor
8. Nonsens-Antwort

Ignorieren ist nicht immer die schlechteste Variante. Aber ignorieren heißt wirklich ignorieren, sprich die Attacke an sich abperlen lassen, sodass der Angreifer nicht einmal eine körpersprachliche Botschaft zurückbekommt.

Rückfragen sind ein gutes Mittel, um Zeit zu gewinnen: »Wie meinen Sie das?«, »Wie darf ich das verstehen?« Der andere muss seine Antwort finden, und in der Zwischenzeit sind deine geschockten kleinen Hirnzellen wieder arbeitsbereit.

Zustimmen: »Jetzt seien Sie doch nicht so emotional!«, sagt dein Chef. Nun könntest du zum Beispiel antworten: »Stimmt, man merkt mir gut an, wenn ich ein Thema leidenschaftlich vertrete, nicht wahr?«, und mit einem charmanten Lächeln ist aus einer prekären Situation ein treffsicheres Selbstmarketing-Statement geworden.

Abweisen ist dann wichtig, wenn es um Positionierung geht, zum Beispiel bei der Attacke eines Kollegen in einem Budget-Meeting: »Sie sehen immer so schwarz!« »Ich sehe nicht schwarz, ich bin realistisch!«

Das Gesagte wörtlich zu nehmen ist eigentlich ein sehr kindliches Tool, das den Gegner aber spontan entwaffnen kann. Wirkt super bei indirekter Sprache. Beispiel: Ein Kunde quält sich in der Sommerhitze zu dir in den vierten Stock (ohne Aufzug). Oben angekommen schnauzt er: »Ich habe Ihren Aufzug nicht gefunden!« Wer dann treuherzig kindlich versichert: »Wir haben auch keinen Aufzug« und anschließend ein Glas Wasser anbietet, hat schon gewonnen.

Auch der Gegenschlag ist bisweilen ein probates Mittel, insbesondere bei einem Angriff vor Zeugen. »Sie haben doch keine Ahnung!« »Mehr als Sie jemals an Benehmen aufweisen können!«

Humor ist eigentlich immer großartig. Wichtig: Nicht in Ironie oder Sarkasmus abgleiten!

Die Nonsens-Antwort ist mein persönliches Lieblingsmittel. Stell dir vor, irgendwer stört deine Präsentation. Du machst eine kurze Pause, schaust den Störenfried freundlich an und fragst dann: »Sagen Sie mal, was sind Sie für ein Sternzeichen?« oder: »Sind Sie eigentlich noch ADAC-Mitglied?« Der Störenfried hört sofort auf zu schwatzen und denkt über die Frage nach, deren einziger Grund es war, für Ruhe zu sorgen und Verwirrung zu stiften. Für den unwahrscheinlichen Fall, dass er noch während der Rede sagt: »Ich bin Sternzeichen XY. Und was bedeutet das jetzt?«, kannst du ruhig antworten: »Keine Ahnung, es hat mich einfach interessiert!«

Zehn goldene Schlagfertigkeitsregeln

1. Ob du schlagfertig bist, entscheidest du.
2. Vergiss den inneren Zwang, sofort etwas Geistreiches sagen zu müssen.
3. Schlagfertig zu reagieren kann auch heißen: kritisch gucken.
4. Unbefriedigende Situationen sofort aufschreiben und später mit (Geschäfts-)Freundinnen diskutieren.

5. Positive Situationen dem inneren Kreis erzählen – tüchtig angeben und feiern.
6. Ob dich jemand beleidigt, bestimmst du allein.
7. You have the freedom to be the person you want to be!
8. Frage dich: Wie will ich in Erinnerung bleiben?
9. Was dich ärgert, hat immer mit dir zu tun und liefert Lernpotenzial.
10. Es geht hier nicht um Leben und Tod, also spiele …

Notpflaster

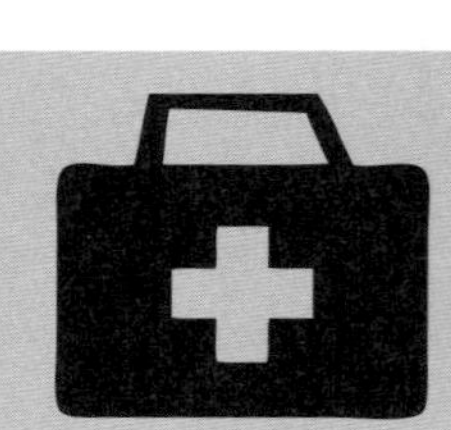

Ignorieren

- Geht für den Anfang immer.

Zeit gewinnen

- Durchatmen (je nach Strategie deutlich oder insgeheim)
- Sich dumm stellen (»Wie bitte?«)
- Nachfragen (»Was genau meinen Sie mit komisch?«)
- Fragende Körpersprache (Augenbrauen nach oben und erst mal abwarten)

Die Hofnarr-Variante

- Erlaube dir, Negatives grundsätzlich positiv zu sehen. »Sie sind aber sensibel!« »Ach, das ist aber nett, dass Sie das sagen.«

Persönlicher Standard-Nonsens-Satz, zum Beispiel:

- »Wussten Sie schon, dass sich die multiresistenten Tuberkelstämme extrem vermehrt haben?«
- »Sagen Sie mal, welches Sternzeichen haben Sie eigentlich?«

17. RICHTE DICH NICHT IN DEINEN GEWOHNHEITEN EIN

Rituale sind gut und wichtig. Sie geben dem Leben Struktur und machen uns die Abläufe leichter. Aber sie dürfen uns nicht faul, bequem, dumm und unflexibel machen.

Als Diva trainierst du deinen Flexibilitätsmuskel ständig und leidenschaftlich: Du frühstückst unterschiedliche Sachen, du probierst verschiedene Urlaubsarten aus, befreundest dich mit interessanten Menschen, testest neue Sportarten, du guckst, wie Internetdating funktioniert.

Hüte dich vor Ausreden wie »Ich weiß nicht recht … Das habe ich ja noch nie gemacht.«

Das Leben hat so viel zu bieten. Drücke dich aus, liebe Diva!

18. LEBE FIRST CLASS

Damit meine ich nicht, dass du dich nur im Luxussegment einbuchen, sondern, dass du dir in jeder Beziehung gut überlegen solltest: Was bedeutet »First Class« für dich persönlich?

First Class kann die einfache Pension mit Bergblick direkt an einem plätschernden Bach sein. Kein einziger Generator, kein Hupen, kein Laubbläser stört die Idylle. Welch Luxus!

(Lebens-)Qualität muss nicht teuer sein.

19. SCHÄRFE DEIN DIVENBEWUSSTSEIN

Jemand greift dich an, und du reagierst patzig. Das war die Zicke in dir … Wann immer du unzufrieden mit dir oder deinem Verhalten bist, frage dich: »Was würde die Diva in mir wollen oder tun? Was täte ihr gut, worauf hätte sie Lust?«

Typisches Beispiel auf dem Parkplatz: Du kommst von einem Termin wieder und beobachtest, wie sich ein junger Mann mit seinem Auto so neben deinen Wagen drängelt, dass deine Fahrertür höchstens noch eine Handbreit zu öffnen ist.

Der Kumpel denkt sich, na ja, dann quetsche ich mich halt von der anderen Seite vors Steuer. Die Zicke meckert: »Noch enger ging's nicht, oder?« und provoziert damit eine freche Antwort wie: »Nee, aber das nächste Mal gebe ich mir Mühe!«

Und die Diva? Sie setzt ein hinreißendes Lächeln auf und sagt: »Wären Sie so freundlich, Ihr Auto etwas weiter links zu parken, ich komme sonst nicht in meinen Wagen!«

*Nicht **bemäkeln**, was dich stört, sondern um das **bitten**, was du **gerne** hättest.*

20. TRÄUME! DU BIST FÜR ALLES JUNG GENUG

Denke nicht in Grenzen, sondern in Möglichkeiten.

Frage dich nicht, ob ein Studium generale mit 70 noch Sinn macht ... Beginne einfach! Denk nicht, mit 60 finde ich keinen Mann mehr, sondern strahle, erhöhe deine Anziehungskraft – und lass dich finden. Das eigene Häuschen steht, die Kinder sind aus dem Haus, der Wunsch, im sonnigen Süden zu leben, besteht immer noch? Nimm dich und deine Wünsche ernst. Was macht ihn etwas wahrer? Vielleicht zu Anfang zwei Monate im Jahr eine feste Ferienwohnung? Gewissermaßen als Wunscherfüllung auf Probe.

Alt bist du, sobald du dir keine Träume mehr gestattest. Weltreise, Selbstverteidigungskurs, Klavierspielen, Schauspieltraining, Gesangsunterricht?

Plane, nimm eine Probestunde und leg los ...

Erzähle nur Menschen auf gleicher Wellenlänge von deinen Träumen, denn alle anderen werden dich in deine vermeintlichen Schranken weisen wollen. Das ist das »Krabbenkorb-Phänomen«: Wenn man lebende Krabben in einen Korb sammelt, könnten sie alle problemlos aus dem Korb krabbeln. Versucht es aber eine, werden die anderen sie zurückholen – und schließlich landen alle gemeinsam im Kochtopf.

Achte also darauf, dich im Leben nicht mit Krabben zu umgeben.

LIEBE DIVA,

danke, dass du mein Buch gelesen hast. Eine gute Wahl! ☺ Wenn es dir gefallen hat, dann freue ich mich riesig, wenn du es weiterempfiehlst.
Ich bin so gespannt, was du aus dem Buch für dich umgesetzt hast und welche Erfahrungen du gemacht hast. Maile mir doch einfach:
Monika@Diva-in-Dir.de

Genieße jeden Augenblick und spiele von nun an die Hauptrolle in deinem Leben.
Wecke die Diva in dir!

Das wünscht dir
Monika Scheddin

Anhang

DIE DIVEN-HANDFIBEL

Wähle Deinen Tagesspruch:

Das Leben ist ein Wunschkonzert!
Sei unbescheiden und wünsche hemmungslos.
Monika Scheddin

Jetzt ist der richtige Moment.
Was gestern war, ist jetzt egal.
Es ist der richtige Moment, nach vorne zu schauen und durchzustarten.
Gehe dein Ziel an.
Du hast mit Sicherheit schon Erfahrungen gesammelt, die du nutzen kannst. Und genügend Mut, Neues zu wagen.
Wie oft ist dir etwas, was du wirklich, wirklich wolltest, nicht geglückt?
Monika Scheddin

Unsere Wünsche
sind die Vorboten der Fähigkeiten,
die in uns liegen,
Vorboten desjenigen, was wir zu leisten imstande sein werden.
Johann Wolfgang Goethe

Wenn schon anders – dann besser!
Monika Scheddin

Lebe leidenschaftlich
Live your life in such a way
that, when your feet hit the floor in the morning
Satan shudders and says:
Oh shit - she´s (he´s) awake!
VerfasserIn unbekannt

Sei realistisch – erwarte Wunder!

Beweise Mut!
Lieber einmal um Verzeihung bitten als pausenlos um Erlaubnis.

Befreie dich von all den Dingen, die nicht nützlich sind, die nicht schön sind und die dir keine Freude machen.
Monika Scheddin

Gib deinen Zielen und Wünschen Priorität.
Es gibt kein Leben auf Probe.
Monika Scheddin

Lass dich nicht unterkriegen, sei frech und wild und wunderbar!
Astrid Lindgren

Du musst deine Ziele nicht allein angehen. Lasse dir unbedingt helfen.
Frage dich immer wieder: Wer oder was kann mir in der Erreichung meiner Ziele behilflich sein?
Monika Scheddin

Erwartungen hat man nur an Menschen mit Potenzial.
Kein Mensch erwartet vom Analphabeten einen Roman, vom Fußkranken einen Marathon.
Erwartungen geben ein Feedback dessen, was andere uns zutrauen.
Somit sind hohe Erwartungen eigentlich ein dickes Kompliment.
Beklage dich also nicht darüber.
Welche Erwartung wir erfüllen sollen oder wollen ist wiederum eine ganz andere Geschichte.
Monika Scheddin

Wenn du willst, was du noch nie gehabt hast,
dann tu, was du noch nie getan hast.
Nossrat Peseschkian

Gotte gebe mir die Gelassenheit, Dinge hinzunehmen, die ich nicht ändern kann,
den Mut, Dinge zu ändern, die ich ändern kann
und die Weisheit, das eine vom anderen zu unterscheiden.
Reinhold Niebuhr

Wenn du Aufmerksamkeit willst,
musst du Aufmerksamkeit geben.

Wenn du Anerkennung willst,
musst du Anerkennung geben.
Wenn du Liebe willst, musst du Liebe geben
Monika Scheddin

Das kriegst du hin!
Natürlich hast du hier und da Versprechen gebrochen, Vorhaben nicht eingehalten und hast dich manchmal schäbig benommen.
Natürlich – weil du ein Mensch bist.
Wahrscheinlich lobst du zu wenig und vielleicht fällt es dir schwer, dich zu entschuldigen.
Aber: Du kannst dich verbessern.
Das kriegst du hin.
Monika Scheddin

Tue Deinem Körper Gutes,
damit deine Seele Lust hat, darin zu wohnen.
Teresa von Avila

Nimm bloß keinen Rat von Menschen an, die noch nicht erreicht haben, wovon du träumst.
Monika Thoma, die Webkönigin

Erfolg buchstabiert man TUN!
Monika Scheddin

Spring mit beiden
Füßen ins Leben, genieße, mach dich dreckig, lache laut und aus vollem Herzen. Überwinde persönliche Grenzen, wage was. Atme tief durch, lerne dazu und genieße weiter.
Monika Scheddin

Nichts ist so ***sexy*** *wie eine Frau mit Lebensfreude.*
Monika Scheddin

Lebe nicht mit angezogener Handbremse:
Hau auffe ***Kacke****!*
Monika Scheddin

If you obey all the ***rules****, you miss all the* ***fun****!*
Katharine Hepburn

Fahre die ***Krallen*** *aus!*
Eine Katze mit Samthandschuhen fängt keine ***Mäuse****.*
Monika Scheddin

Bleib ***gelassen****:*
Et is, wie et is, et kütt, wie et kütt un et hätt noch immer jot jejange.
Kölsche Weisheit

Sei ***wach*** *und präsent!*
Schärfe deinen ***Möglichkeitssinn****. Bitte um Unterstützung.*
Chancen *lauern überall.*
Monika Scheddin

Nicht alles, was ***machbar*** *ist,*
muss man auch machen.
Monika Scheddin

Heute ist ein guter Tag, um den ersten Schritt zu machen
In dem Augenblick, in dem man sich endgültig einer Aufgabe verschreibt, bewegt sich die Vorsehung auch.
Alle möglichen Dinge, die sonst nie geschehen wären, geschehen, um einem zu helfen.
Ein ganzer Strom von Ereignissen wird in Gang gesetzt durch die Entscheidung,
und er sorgt zu den eigenen Gunsten für zahlreiche unvorhergesehene Zufälle, Begegnungen und materielle Hilfen, die sich kein Mensch vorher je so erträumt haben könnte.
Was immer du kannst, beginne es.
Kühnheit trägt Genius, Macht und Magie.
Beginne jetzt.
Johann Wolfgang von Goethe

Spiele die Hauptrolle in deinem Leben.
Lasse dich nicht in eine Nebenrolle drängen.
Woran du glaubst, das wird geschehen.
Nicht das, was du willst.
Monika Scheddin

Manchmal muss man erst einen Schritt rückwärts machen, um genügend Schwung für den nächsten, großen Schritt zum Ziel zu haben.
Monika Scheddin

Wir können das Entstehen von Gefühlen wie Traurigkeit, Ärger oder Angst nicht verhindern.
Wir können aber lernen, damit umzugehen.
Monika Scheddin

Lieber unvollkommen begonnen, als perfekt gezögert.
Coachingthese

DIVEN-TOOLS

Hier findest du Links zu Produkten, Seminaren und Musik, die dein Divenleben bereichern könnten. Diese Diven-Tools sind Empfehlungen aus purer Überzeugung (ein wenig Schleichwerbung in eigener Sache wollte ich dann doch nicht verhindern. ☺)

- Der Divenkalender mit wöchentlichen Inspirationen jährlich ab September bestellbar unter: www.Diva-in-Dir.de
- Wahrhafte Divenringe gibt es bei: www.Charlotte.de
- Edle Schmucktäschchen für die Reise: www.badour.de
- Passende Damenstiefel in 21 Wadenweiten gibt es z.B. bei: www.duoboots.com
- Die perfekte Businesshandtasche made in Germany: www.donna-rosa.com
- Deine Gedichte, Briefe oder Geschichten live von Martin Umbach, der deutschen Stimme von George Clooney, vorgelesen: www.erhoerte-wuensche.de
- Coaches bundesweit, die ich persönlich empfehlen kann: www.Coach-Empfehlungen.de
- Seminare für Businessfrauen, z.B. »Wecke die Diva in Dir«, »Coach yourself«, Worklife Balance im Kloster, Schauspieltraining und Rhetorik: *WOMAN's Business Akademie GmbH*: www.womans.de
- Deine Ideen, Gedanken, Wünsche und Ziele gehören ins *HIRNI*®, dem charmanten Schreibjournal aus echtem Leder. Exklusiv nur hier bestellbar: www.womans.de/hirni.html
- Für die standesgemäße Diven-Unterschrift: Schreibgeräte von *Montblanc*, z.B. Modell Ingrid Bergman. Am besten gravieren lassen: www.montblanc.com
- Diven-Musik:
  - Weil Du nicht bist, wie alle anderen (Klaus Hoffmann)
  - Ich gehör nur mir (aus dem Musical *Elisabeth*)
  - Für mich soll's rote Rosen regnen (Hildgegard Knef)
  - Ich brauch Tapetenwechsel (Hildegard Knef)
  - Je ne regrette rien (Édith Piaf)
  - Je veux (Zaz)

P.S.: Liebe Diva, ich freue mich über deine ganz persönlichen Diven-Tipps auf www.Diva-in-Dir.de!

DANKE!

Ein Divenbuch ohne göttliche Inspiration ist gar nicht möglich. Vielen Dank an: Anke Meyer-Grashorn, Christiane Wolff, Dr. Martina Zwicknagl, Susan Bühler, Ellen Zimmermann, Gisela Rehm, Katrin Fischotter, Larissa Langenberg, Sabine Kistler, Astrid Kehsler, Isabel Nitzsche, Regina Mehler, Elke Söllner, Elke Dobisch, Sonja Lorenz, Heidi Rinner.